버섯과 곰팡이

식물일까?
동물일까?

사진출처

셔터스톡_ 20p 자낭균류 푸른곰팡이 | 21p 담자균류 느타리버섯, 접합균류 거미줄곰팡이 | 22·54p 송이버섯 | 23p 잿빛곰팡이병 | 37p 원시림 상상도 | 39·59·102p 동충하초 | 39p 덧부치버섯 | 46p 삼엽충 화석 | 47p 양치식물 화석, 암모나이트 화석, 공룡 화석 | 54·104p 느타리버섯, 표고버섯 | 55·104p 팽이버섯 | 55p 목이버섯, 붉은사슴뿔버섯 | 56p 무당버섯, 알광대버섯, 미치광이버섯 | 56·104p 광대버섯 | 57p 노란길민그물버섯, 달걀버섯, 화경솔밭버섯, 느타리버섯, 두엄먹물버섯, 먹물버섯, 노랑싸리버섯, 싸리버섯/ 59p 상황버섯, 영지버섯, 자작나무시루뻔버섯, 노루궁뎅이버섯, 망태말뚝버섯 | 60·92p 항생제 페니실린 | 61p 백강균 | 64p 말린 자작나무시루뻔버섯 | 65p 약용 영지버섯, 채취한 표고버섯, 말린 동충하초 | 74p 땅속 균뿌리 | 75p 잎꾼개미 | 92p 누룩곰팡이 확대 사진, 발효 음식 메주, 배양 접시의 푸른곰팡이, 나무에 돋은 영지버섯, 건강식품

통합교과 시리즈

식물일까? 동물일까? 버섯과 곰팡이

ⓒ 한영식, 2024

1판 1쇄 발행 2024년 7월 31일

글 한영식 | **그림** 최원선 | **감수** 서울과학교사모임
펴낸이 권준구 | **펴낸곳** (주)지학사
편집장 김지영 | **편집** 박보영 이지연 | **교정교열** 김새롬
디자인 이혜리 | **마케팅** 송성만 손정빈 윤술옥 | **제작** 김현정 이진형 강석준 오지형
등록 2010년 1월 29일(제313-2010-24호) | **주소** 서울시 마포구 신촌로6길 5
전화 02.330.5263 | **팩스** 02.3141.4488 | **이메일** arbolbooks@jihak.co.kr
ISBN 979-11-6204-166-6 73400

잘못된 책은 구입하신 곳에서 바꿔 드립니다.

제조국 대한민국　**사용연령** 8세 이상
KC마크는 이 제품이 공통안전기준에 적합하였음을 의미합니다.

 아르볼은 '나무'를 뜻하는 스페인어. 어린이들의 마음에 담긴 씨앗을 알찬 열매로 맺게 하는 나무가 되겠습니다.

홈페이지 www.jihak.co.kr/arb/book | **포스트** post.naver.com/arbolbooks

펴냄 글

✉ **과학은 왜 어려울까?**

- 생명과학, 지구과학, 물리학, 화학 등 공부해야 할 범위가 넓다.
- 책이나 교과서를 볼 땐 이해할 것 같다가도 돌아서면 헷갈린다.
- 과학 현상이나 원리가 어려워서 이해가 안 된다.
- 과학 공부를 할 때 어려운 단어가 많이 나온다.

✉ **과학 공부, 쉽게 하려면 통합교과 시리즈를 펼치자!**

통합교과란?

- 서로 다른 교과를 주제나 활동 중심으로 엮은 새로운 개념의 교과
- 하나의 주제를 **개념·역사·자원·생물·사회** 등 다양한 영역에서 접근해 정보 전달 효과를 높임
- 문·이과 통합 교육 과정에 안성맞춤

✉️ **이런 학생들에게 통합교과 시리즈를 추천합니다!**

- 과학 교과를 처음 배우는 초등학교 **3학년**
- 과학이 지겹고 어렵게 느껴지는 **4학년**

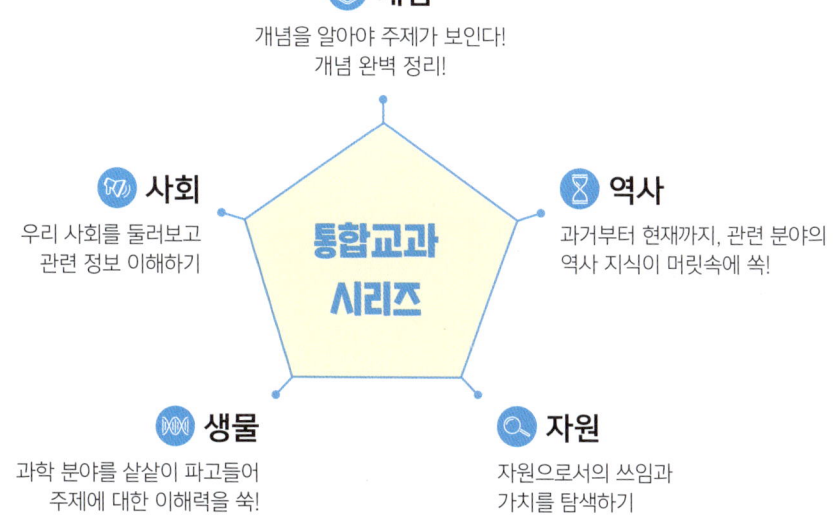

📖 **개념**
개념을 알아야 주제가 보인다!
개념 완벽 정리!

📡 **사회**
우리 사회를 둘러보고
관련 정보 이해하기

⏳ **역사**
과거부터 현재까지, 관련 분야의
역사 지식이 머릿속에 쏙!

🧬 **생물**
과학 분야를 샅샅이 파고들어
주제에 대한 이해력을 쑥!

🔍 **자원**
자원으로서의 쓰임과
가치를 탐색하기

통합교과 시리즈

차례

1화
신비한 버섯
개념 버섯과 곰팡이의 특징 10

- 16 식물일까? 동물일까?
- 18 어떻게 생겼을까?
- 20 균류, 어떻게 나눌까?
- 22 양분을 얻는 방법
- 24 균류가 사는 곳
- 28 **한 걸음 더:** 지구에 함께 사는 생물 5계

2화
균류 세상 속으로
역사 균류의 출현과 우리 생활 30

- 36 지구에 나타난 생물, 균류
- 38 버섯이 살아가는 지혜
- 40 인류와 함께한 버섯
- 42 발효의 주인공, 곰팡이와 효모
- 46 **한 걸음 더:** 지질 시대와 다양한 생물

3화
독버섯을 없애려면
자원 소중한 생물 자원, 균류 48

- 54 맛있고도 위험한 버섯
- 58 건강에 좋은 약용 버섯
- 60 유용한 곰팡이
- 64 **한 걸음 더:** 암을 치료하는 버섯

4화

위험에서 구해 줘 생물 생태계와 균류 66

- 72 지구에 없으면 안 될 균류
- 74 식물과 공생하는 균류
- 75 자연 속 버섯 농사꾼들
- 76 기후 변화를 막을 균류
- 80 **한 걸음 더:** 지구에 꼭 필요한 생물들

5화

균류 세상을 밝혀라 사회 우리가 연구해야 할 균류 82

- 88 균류, 정체를 밝혀 주마
- 90 자연의 선물, 생태계 서비스
- 94 소중한 균류를 지키자
- 98 **한 걸음 더:** 균류를 연구한 과학자들

- 100 워크북
- 110 정답 및 해설
- 112 찾아보기

등장인물

팽이
씻기를 귀찮아하며 늘 축 늘어진 옷만 입는 남자아이예요. 버섯에 함부로 손대지 말라는 당부를 어겨 균류 세상 속으로 들어가지요. 버섯, 곰팡이, 효모 같은 생물을 균류라고 해요. 균류 세상에서 팽이는 어떤 일을 겪게 될까요?

송이
팽이의 여동생이에요. 매일같이 티격태격해도 서로에게 하나뿐인 남매지요. 어느 날, 송이는 팽이에게서 수상쩍은 분위기를 느끼고 몰래 뒤쫓아요. 그리고 놀라운 광경을 마주하게 되지요.

세정

팽이네 이웃에 사는, 이름처럼 깔끔한 여자아이예요. 평소 지저분한 팽이를 못마땅하게 여겼지만, 갑자기 팽이가 사라지자 걱정을 많이 해요. 그러던 어느 날, 세정이도 팽이를 따라 균류 세상으로 떠나게 돼요.

동동 박사

동그란 얼굴에 동그란 몸매를 가진 세정이의 할아버지예요. 오랜 시간 버섯을 연구하는 것으로도 모자라 직접 기르기까지 하지요. 때때로 산과 들로 희귀한 버섯을 캐러 다녀요. 그러다 무지갯빛을 띠는 버섯을 발견했는데, 이 버섯에 어떤 비밀이 숨어 있을까요?

식물일까? 동물일까?

버섯은 식물일까요, 동물일까요? 흔히 버섯을 식물의 한 종류로 알고 있을 거예요. 그런데 사실 버섯은 곰팡이, 효모와 함께 균류에 속해요.

식물도, 동물도 아니야

균류는 동물처럼 움직이지 않아요. 그래서 식물이라고 생각하기 쉽지만, 식물과 큰 차이점이 있어요. 식물과 달리 균류는 엽록체가 없어서 광합성을 하지 못하거든요. 광합성이란 식물이 햇빛 에너지를 양분으로 바꾸어 몸 안에 저장하는 일을 말해요. 저장된 양분은 살아가는 데 필요한 에너지로 쓰이지요. 하지만 엽록체가 없는 균류는 햇빛이 많이 필요하지 않아서 그늘진 곳에서도 잘 자라요.

굳이 따지자면 균류는 식물보다 동물에 가까운 생물이에요. 스스로 양분을 만들지 못해서 다른 생물이나 유기물*로부터 양분을 얻어서 생활하니까요. 동물이 다른 생물을 먹고 살아가는 것처럼요.

그렇지만 동물과 다른 점도 많아요. 균류는 먹이를 얻기 위해서 동물처럼 활동적으로 움직일 수 없어요. 또 뿌리 같은 균사를 이용해 양분을 흡수하는 점이나, 포자(홀씨)로 번식하는 점도 달라요.

★ **유기물** 생물의 몸을 이루거나, 생물의 몸에서 생겨난 물질.

식물일까? 동물일까?
균류 알아보기

	식물	동물	균류
크기	종류에 따라 크기가 매우 다양함.	종류에 따라 크기가 매우 다양함.	겉보기와 다르게 땅 밑이나 나무 속에 균사가 매우 넓게 자라고 있음.
양분 얻는 방법	광합성을 해 스스로 양분을 만들어서 살아감.	식물이나 다른 동물을 먹어서 양분을 얻음.	균사를 이용해 다른 생물이나 유기물로부터 양분을 흡수해서 살아감.
번식 방법	포자나 씨앗으로 번식함.	짝짓기를 해서 새끼나 알 등을 낳아 번식함.	포자를 곳곳에 퍼뜨리거나 균사를 뻗어 번식함.
사는 곳	충분한 햇빛과 수분이 있는 곳에서 잘 자라지만, 척박한 환경에서 살아가는 식물도 있음.	숲, 바다, 강, 사막, 도시 등 다양한 곳에서 살아감.	따뜻하고 축축한 곳에서 잘 자람.
예	나무, 풀 등	사람, 다람쥐, 새, 개구리, 뱀, 물고기, 곤충, 거미, 달팽이, 지렁이 등	버섯, 곰팡이, 효모 등

식물도 동물도 아닌 생물, 균류

어떻게 생겼을까?

우리는 주변에서 버섯과 곰팡이를 쉽게 볼 수 있어요. 보통 버섯은 줄기에 둥근 갓이 달린 모양이고, 곰팡이는 실이나 가루가 뭉쳐 있는 것처럼 보이지요. 저마다 생김새는 달라도 모두 균류에 속하는 생물이에요. 실처럼 가느다란 모양의 세포인 균사로 이루어져 있거든요. 그러면 먼저 곰팡이의 구조부터 살펴볼까요?

곰팡이는 어떻게 생겼을까?

빵을 오래 두면 어느새 곰팡이가 생겨요. 곰팡이는 포자를 퍼뜨려 번식해요. 포자는 공기나 물을 타고 떠다니다가 적당한 환경이 갖추어지면 싹을 틔우듯 실 모양의 균사를 뻗어 자라요.

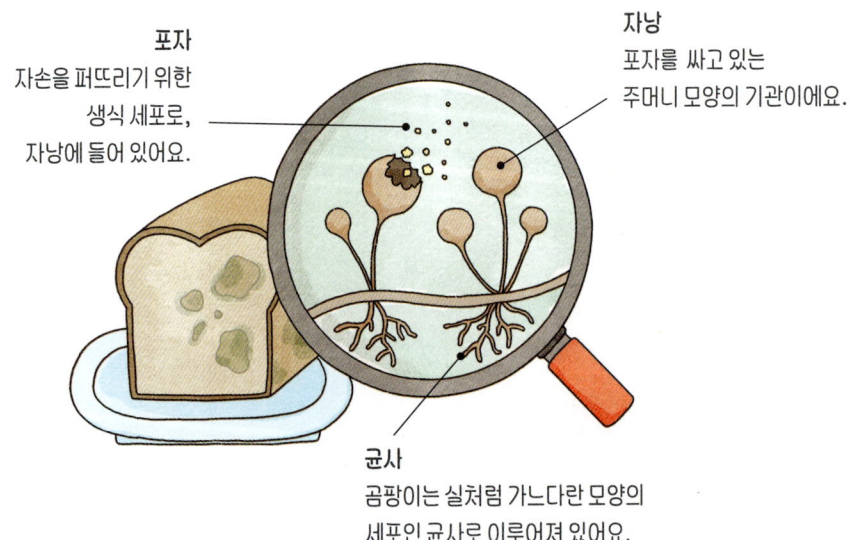

포자
자손을 퍼뜨리기 위한 생식 세포로, 자낭에 들어 있어요.

자낭
포자를 싸고 있는 주머니 모양의 기관이에요.

균사
곰팡이는 실처럼 가느다란 모양의 세포인 균사로 이루어져 있어요.

버섯은 어떻게 생겼을까?

버섯은 갓, 주름, 대, 턱받이, 대주머니, 균사체 등으로 이루어져 있어요. 종류에 따라 생김새가 매우 다양해서 턱받이나 대주머니 따위가 없는 것도 있지요. 균사가 촘촘하게 얽힌 덩어리를 균사체라고 하는데, 균사체에서 우리가 흔히 버섯이라고 부르는 자실체가 자라난답니다.

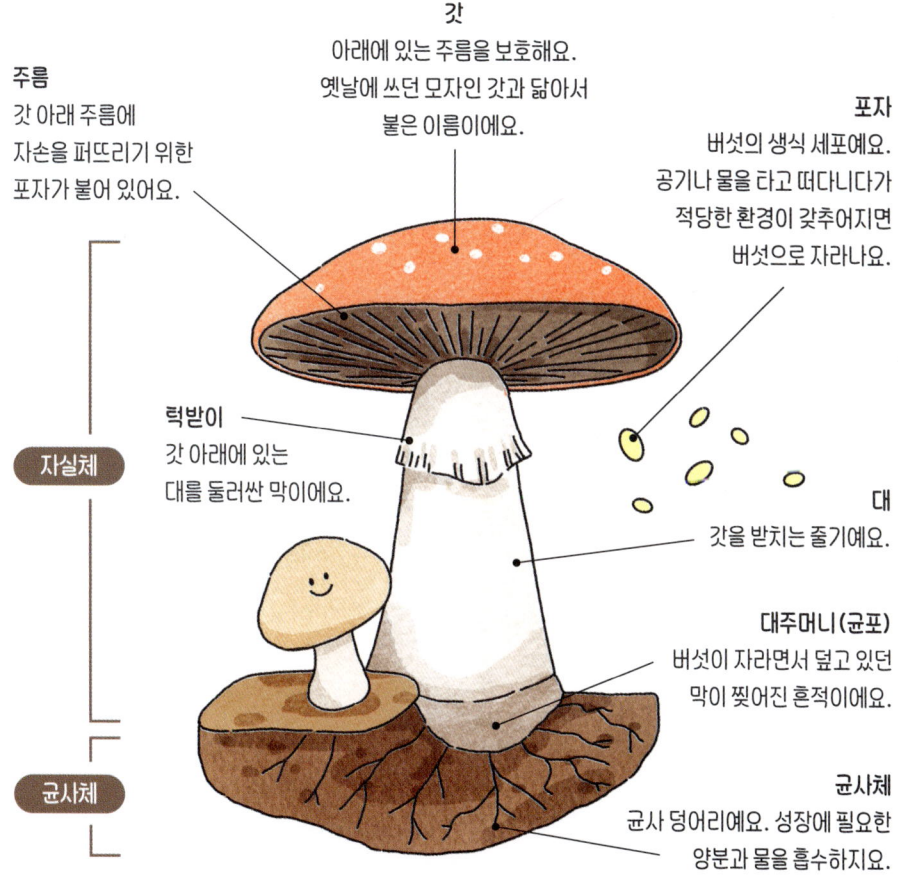

균류, 어떻게 나눌까?

앞에서 살펴봤듯이 버섯과 곰팡이는 몸이 균사로 이루어져 있으며 포자로 번식해요. 균사에 격벽이 있느냐 없느냐, 그리고 포자가 어떻게 만들어지느냐에 따라 종류를 나누어 구분하지요. 격벽은 균사를 가르는 막이에요.

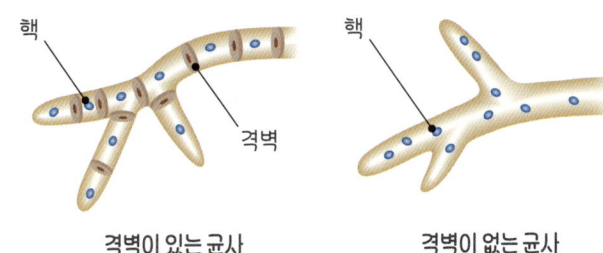

격벽이 있는 균사   격벽이 없는 균사

자낭균류

균사에 격벽이 있고, 주머니 모양의 기관인 자낭에서 포자가 만들어지는 균류를 자낭균류라고 해요. 술을 만들 때 쓰는 누룩곰팡이, 항생 물질 페니실린을 얻는 푸른곰팡이, 발효에 이용되는 효모 등이 자낭균류에 속해요. 이렇게 생활에 유용한 균류도 있지만 해로운 균류도 많아요.

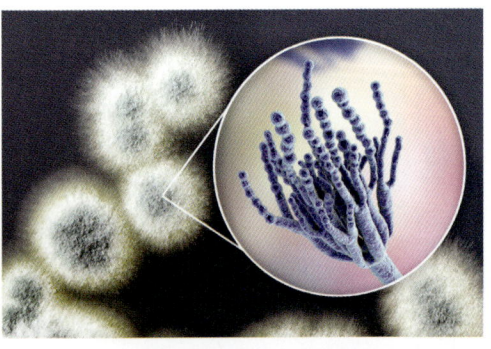

확대 사진과 3D 그림으로 보는 푸른곰팡이

담자균류

균사에 격벽이 있고, 몽둥이 모양의 기관인 담자기에서 포자가 만들어지는 균류를 담자균류라고 해요. 스스로 양분을 만들지 못해서 다른 생물에 붙어 살아가지요. 송이버섯, 목이버섯, 느타리버섯, 영지버섯 등 많은 버섯이 담자균류에 속해요. 완전히 자란 버섯의 주름 면에는 포자를 내보내는 담자기가 빽빽이 생기지요.

나무에 붙어 자라는 느타리버섯

접합균류

균사에 격벽이 없고, 뿌리나 줄기처럼 생긴 균사와 포자를 만드는 자낭으로 이루어진 균류를 접합균류라고 해요. 환경에 따라 유성 생식과 무성 생식을 모두 이용해요. 유성 생식은 암수 생식 세포가 결합해 자손을 만드는 것이고, 무성 생식은 암수 생식 세포의 결합 없이 자손을 만드는 것이에요. 털곰팡이, 거미줄곰팡이 등이 접합균류에 속해요.

음식에 핀 거미줄곰팡이

양분을 얻는 방법

앞서 균류는 스스로 양분을 만들 수 없다고 했지요? 그러니 동물처럼 다른 생물로부터 양분을 얻어야 해요. 양분을 얻는 방식에 따라 공생성 균류, 기생성 균류, 부생성 균류 등으로 나누지요.

공생성 균류

식물과 공생 관계를 맺고 살아가는 균류예요. 공생은 종류가 다른 생물이 서로에게 이익을 주며 함께 사는 일을 뜻해요. 균류와 식물은 오랜 세월 서로 영향을 주고받으며 진화해 왔어요. 균류는 식물에게서 양분을 얻고, 식물은 뿌리보다 멀리 뻗은 균사를 통해 성장에 필요한 영양소와 수분을 얻지요. 예를 들어, 송이버섯은 소나무 뿌리에 균사를 내리고 자라 땅속 영양소와 수분을 흡수해 소나무와 사이좋게 나눠요.

소나무와 공생하는 송이버섯

기생성 균류

서로 다른 종류의 생물이 함께 생활하며 한쪽이 이익을 얻고 다른 쪽이 해를 입는 일을 기생이라고 해요. 예를 들면 식물에 흰가룻병을 일으키는 곰팡이 종류는 특수한 조직을 만들어 숙주*가 저장한 양분을 흡수해요. 기생하는 것으로도 모자라 숙주를 죽음으로 몰고 가는 균류도 있어요. 백강균은 곤충의 몸속을 균사로 뒤덮어 죽게 하고, 잿빛곰팡이는 식물을 썩게 해요.

잿빛곰팡이병에 감염된 딸기

부생성 균류

죽은 생물체에서 양분을 얻어 살아가는 균류예요. 셀룰로오스, 단백질, 키틴, 각질 등을 모조리 분해하지요. 또한 식물 섬유소 분해에도 중요한 역할을 해요. 흰개미는 나무, 낙엽 등 섬유소가 풍부한 먹이를 먹고 살아요. 이들의 몸속에서 부생성 균류를 찾아볼 수 있지요.

★ **숙주** 기생 생물에게 영양을 공급하는 생물.

균류가 사는 곳

균류는 지구 곳곳에서 살아가요. 남극과 북극처럼 추운 지방에도, 아주 높은 산에도 있지요. 땅과 물이 만나는 물가나 물속에서도 찾을 수 있어요.

버섯과 곰팡이가 좋아하는 곳

버섯과 곰팡이는 대개 따뜻한 환경을 좋아해요. 섭씨 30도 정도에서 잘 자라지만, 종류에 따라 약간씩 차이를 보여요. 예를 들어 카에토스더리움 같은 곰팡이는 차가운 냉장고 속 고기에서, 일부 푸른곰팡이는 섭씨 50도 정도의 높은 온도에서 잘 생기지요.

버섯은 그늘진 숲속 축축한 땅이나 나무 밑동에서 잘 자라요. 이런 환경에서는 양분을 쉽게 얻어 자손을 넓게 퍼뜨릴 수 있거든요. 비가 자주 내리는 여름철에는 집 안에 곰팡이가 쉽게 자리 잡지요.

곰팡이를 조심해

집 안에 곰팡이가 생기면 공기를 타고 포자가 퍼져 우리 몸에 증상이 나타날 수 있어요. 가볍게는 재채기·기침 등이 나고, 포자가 몸속 깊이 들어갈 경우 예민한 사람은 가려움증 같은 알레르기 증상을 보이기도 하지요.

음식에도 곰팡이가 피고는 해요. 곰팡이는 분해 효소를 내보내서 음식의 색깔과 맛을 변화시켜요. 독성 높은 곰팡이에 감염되면 건강에 문제가 생기니 조심해야 해요.

곰팡이를 막으려면 어떻게 해야 할까요? 평소에 청소를 깨끗이 하면 곰팡이가 생기는 것을 예방할 수 있어요. 습하면 곰팡이가 잘 생겨요. 집 안의 상대 습도를 60퍼센트 아래로 유지하면 좋지요. 숯, 커피 찌꺼기, 신문지 등은 친환경 제습제가 돼요. 또 환기를 자주 하면 곰팡이 번식을 막을 수 있어요. 비가 많이 내리는 여름철에는 집에 물이 새지 않도록 미리 손보는 일도 중요해요.

버섯과 곰팡이의 특징

식물도 동물도 아닌 생물, 균류
- 버섯과 곰팡이, 효모 따위는 식물도 동물도 아닌 균류에 속함.
- 식물과 달리 균류는 엽록체가 없어서 광합성을 하지 못함.
- 균류는 동물처럼 다른 생물로부터 양분을 얻어 살아가지만, 활동적으로 움직이지는 못함.

균류의 생김새
- 균류의 몸은 실처럼 가느다란 모양의 세포인 균사로 되어 있음.
- 곰팡이: 균사와 자낭으로 이루어져 있음. 포자를 퍼뜨려 번식하며, 적당한 환경이 갖추어지면 싹을 틔우듯 균사를 뻗어 자라남.
- 버섯: 갓·주름·대·턱받이·대주머니·균사체 등으로 이루어져 있음. 균사체에서 우리가 흔히 버섯이라고 부르는 자실체가 자라남. 포자를 곳곳에 퍼뜨려 번식함.

균류의 분류
- 균사에 격벽이 있느냐 없느냐, 그리고 포자가 어떻게 만들어지느냐에 따라 종류를 나누어 구분함. 격벽은 균사를 가르는 막임.
- 자낭균류: 균사에 격벽이 있으며, 주머니처럼 생긴 자낭에서 포자가 만

들어짐. 술을 만들 때 쓰는 누룩곰팡이, 페니실린을 얻는 푸른곰팡이, 발효에 이용되는 효모 등이 자낭균류에 속함.
- 담자균류: 균사에 격벽이 있으며, 몽둥이 모양의 기관인 담자기에서 포자가 만들어짐. 송이버섯, 목이버섯, 느타리버섯, 영지버섯 등 많은 버섯이 담자균류에 속함.
- 접합균류: 균사에 격벽이 없으며, 환경에 따라 유성 생식과 무성 생식을 모두 이용함. 털곰팡이, 거미줄곰팡이 등이 접합균류에 속함.

균류가 살아가는 방법
- 공생성 균류: 식물과 공생 관계를 맺고 살아감. 균류는 식물로부터 양분을 얻고, 식물은 뿌리보다 멀리 뻗은 균사를 통해 성장에 필요한 땅속 영양소와 수분을 얻음.
- 기생성 균류: 다른 생물에 기생해 양분을 빼앗아 살아감.
- 부생성 균류: 유기물을 분해해 양분을 얻어 살아감.

균류가 사는 곳
- 균류는 주변 어디에나 있음. 특히 따뜻하고 축축한 환경에서 잘 자람.
- 집 안에 곰팡이가 생기면 공기를 타고 포자가 퍼져 우리 몸에 증상이 나타날 수 있음. ➡ 집 안 습기를 조절해 곰팡이를 예방하는 것이 중요함.

지구에 함께 사는 생물 5계

우리는 지구에서 수많은 생물과 함께 살아가고 있어요. 1969년, 미국의 생태학자 휘태커는 지구 생물을 크게 원핵생물계, 원생생물계, 균계, 식물계, 동물계, 이렇게 다섯 가지로 나누자고 제안했어요. 전에는 균류를 식물의 한 종류로 여겼는데 이로써 균계 생물로 구분하게 됐지요. 이후 더 발전한 생물 분류 체계가 등장했지만, 처음 균류를 독립적인 종류로 보았다는 점에서 의미가 있어요.

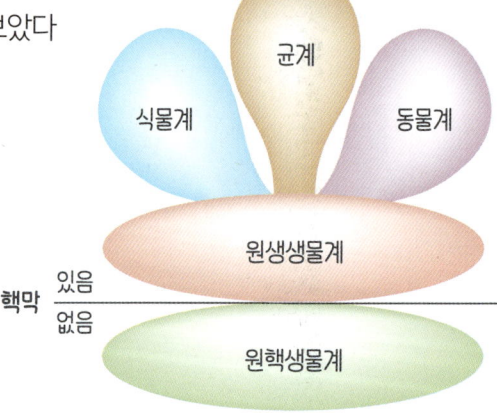

원핵생물계

세포는 생물의 몸을 이루는 기본 단위예요. 세포 중심에는 유전 정보를 담은 핵이 있어요. 원핵생물은 핵의 요소가 되는 물질은 있으나, 이를 보호하는 막이 없는 가장 원시적 생물이에요. 약 29억 년 전에서 34억 년 전에 생겨났다고 추측하지요. 포도상구균, 대장균, 남세균, 젖산균 등이 있어요.

원생생물계

막으로 둘러싸인 핵을 가진 단순한 생물이에요. 대부분은 세포 하나로 이루어져 있지만, 여러 개의 세포로 이루어진 다세포 생물도 존재해요. 짚신벌레, 아메바, 유글레나 등이 속해요. 우리가 즐겨 먹는 김, 미역, 다시마 등 해초도 원생생물이랍니다.

균계

대부분 다세포 생물이에요. 몸은 균사로 되어 있으며 포자를 퍼뜨려 번식하지요. 광합성을 하지 못해서 다른 생물에 기대 양분을 얻어서 살아요. 버섯, 곰팡이, 효모 등이 있어요.

식물계

다세포 생물이에요. 광합성을 해서 스스로 양분을 만들어 살아가요. 세포속 엽록체에서 광합성이 이루어지지요. 포자나 씨앗으로 번식하며 동물처럼 활동적으로 움직이지 못해요. 풀과 나무는 식물계에 속해요.

동물계

다세포 생물이에요. 광합성을 할 수 없어서 식물이나 다른 동물을 먹어 양분을 얻지요. 대부분 암수가 짝짓기를 해서 번식해요. 사람, 다람쥐, 새, 개구리, 뱀, 물고기, 곤충, 거미, 달팽이, 지렁이 등이 있어요.

- 지구에 나타난 생물, 균류
- 버섯이 살아가는 지혜
- 인류와 함께한 버섯
- 발효의 주인공, 곰팡이와 효모

한눈에 쏙   균류의 출현과 우리 생활
한 걸음 더   지질 시대와 다양한 생물

지구에 나타난 생물, 균류

오늘날 지구에는 수많은 생물이 살고 있어요. 그런데 약 46억 년 전 지구가 갓 생겨났을 때는 생물이 살아가기 힘든 환경이었다고 해요. 그러다가 환경이 점점 갖춰졌고, 비로소 최초의 생명이 바다에서 등장했지요. 생물은 오랜 세월에 걸쳐 진화를 거듭했어요. 그렇게 해서 지구는 다양한 생물로 가득한 행성이 된 것이랍니다. 균류를 비롯한 지구의 생물은 언제쯤 나타났을까요?

고생대에 출현한 균류

물속에 살던 균류가 육지로 올라온 때는 약 4억 4,000만 년 전에서 5억 년 전 고생대 오르도비스기로 추측해요. 이때는 앵무조개, 삼엽충, 불가사리, 노래기, 지네 등도 함께 살았어요. 어떻게 아냐고요? 화석이 남아 있거든요. 화석은 옛날에 살았던 생물의 몸체와 활동 흔적 따위가 땅속에 묻혀 돌처럼 굳은 것이랍니다.

약 3억 9,500만 년 전부터 3억 4,500만 년 전까지, 고생대 데본기에는 전보다 균류가 늘어났어요. 더 많아진 화석이 그 증거이지요. 이때 곤충도 출현했어요. 또 물속에 사는 어류의 몸집이 커지며 종류가 다양해졌지요. 일부는 물속과 육지를 오가며 살아가는 양서류로 진화했어요.

식물과 함께 더불어 살며

고생대 데본기를 지나 식물이 육지를 뒤덮기 시작했어요. 공룡이 살던 중생대 쥐라기에는 양치식물이, 중생대 백악기에는 녹색식물이 번성했지요.

공룡이 살던 원시림 상상도

양치식물은 꽃이 피지 않고 포자로 번식하는 식물이고, 녹색식물은 엽록체를 가지고 있으며 광합성을 하는 식물이에요. 식물 대부분이 여기에 속하지요. 이렇게 식물이 늘어난 건 균류에게도 반가운 일이었어요. 서로 도움을 주고받으며 함께 살게 되었으니까요.

균류는 더욱 불어났어요. 식물과 공생하며 양분을 충분히 얻었거든요. 현재 육지에서 자라는 식물의 약 90퍼센트는 균류와 공생 관계를 맺고 있어요. 그만큼 균류에게는 식물이, 식물에게는 균류가 서로 필요해요.

버섯이 살아가는 지혜

버섯은 다양한 생물과 함께 사는 걸 좋아해요. 녹색식물은 물론이고 죽은 동식물과 곤충, 그리고 다른 버섯과도 관계를 맺고 살지요. 버섯이 어떻게 지금까지 살아왔는지 그 생존의 지혜를 엿봐요.

식물 뿌리에 사는 버섯

균류는 주로 땅속에 살아요. 균류와 식물 뿌리는 서로 결합해 공생 관계가 맺어진 균뿌리(균근)를 이루지요. 소나무, 자작나무, 참나무, 버드나무 등에서 균뿌리를 찾아볼 수 있어요. 균류는 뿌리에 균사를 내려 식물의 성장을 도와요. 땅속 깊이 넓게 뻗어 나가 성장에 필요한 영양소와 수분을 빨아들여 식물에게 주지요. 대신 식물은 광합성으로 만든 양분을 내주고요. 송이버섯, 광대버섯, 무당버섯 등은 식물과 공생 관계를 맺어 살아가는 버섯이에요.

유기물을 분해하는 버섯

죽은 동식물이나 똥오줌을 분해해 양분을 얻어 살아가는 버섯도 많아요. 이렇게 유기물을 썩게 하는 버섯을 부생균이라고

해요. 균류가 자연의 청소부 역할을 충실히 해낼 때 흙이 기름지지요. 기름진 토양에서는 식물이 무럭무럭 자라나 지구를 푸르게 해요.

곤충에서 피어나는 버섯

곤충의 몸속에서 자라는 버섯도 있어요. 처음에는 별로 문제가 없지만, 균사가 퍼지면 결국 곤충이 죽고 말아요. 균사가 몸속 양분을 쪽쪽 빨아들이니까요. 이처럼 겨울 동안 곤충의 몸에 기생해 있다가 여름에는 풀처럼 돋아나는 버섯을 동충하초(冬蟲夏草)라고 불러요.

곤충에 기생해 자실체를 내는 동충하초

버섯에서 자라는 버섯

동식물에 기생하는 것이 아니라, 다른 버섯의 양분을 빼앗아 살아가는 버섯도 있어요. 먼지헛그물버섯은 가을에 어린 먼지버섯에 기생해서 자라나요. 덧부치버섯은 여름부터 가을까지 무당버섯류 자실체 위에 기생해요.

다른 버섯에 기생하는 덧부치버섯

인류와 함께한 버섯

인류는 먼 옛날 버섯을 발견해 지금껏 다양하게 활용하고 있어요. 처음에는 자연에서 버섯을 캐 먹다가, 버섯을 길러 먹기까지 시작했지요. 버섯은 맛과 향뿐 아니라 영양가가 좋아요. 몇몇 버섯은 약효가 뛰어나 약재로도 사랑받는답니다. 이렇듯, 버섯은 사람과도 밀접한 관계를 맺고 있는 생물이에요.

버섯 재배 역사

인류가 밝혀낸 버섯은 1만 5,000종에 이르러요. 그중 약 2,000종만을 먹고요. 우리나라에서는 30여 종이 재배되지요. 버섯을 재배한 역사는 꽤 깊어요. 중국에서는 600년대에 목이버섯이, 1000년경에는 표고버섯이 재배됐다는 기록이 있지요. 양송이버섯은 아메리카 대륙에서 개발되었는데, 1650년대에 프랑스에서 인공 재배를 성공시켜 다른 나라에 전파되었어요.

음식 재료이자 약재

버섯은 예로부터 음식과 약에 활용됐어요. 동양에서는 오랫동안 말굽버섯을 이용해 여러 질병을 치료했다고 해요. 고대 그리스 의학자 히포크라테스도 상처를 치료하는 데 말굽버섯을 썼다고 전하지요.

현대에 이르러 많은 과학자가 버섯의 효능을 연구하고 있어요. 버섯에는 식이섬유, 비타민, 미네랄, 단백질 등이 풍부해 건강에 좋답니다. 이 밖에도 베타글루칸, 폴리페놀 등이 들어 있어 몸속에서 유익한 작용을 하지요.

버섯은 우리 몸의 면역 체계를 튼튼하게 하고, 암세포와 싸우는 항암 효과를 높이며, 또 혈압과 혈당을 낮춰 주기도 해요.

버섯의 재발견

그동안 버섯은 음식과 약에 주로 쓰였어요. 오늘날 버섯은 패션 재료로도 주목을 받지요. 버섯 가죽은 버섯 균사체를 가죽처럼 만든 것인데, 촘촘한 균사체 덕분에 웬만한 가죽보다 튼튼해요. 또 고운 질감과 색을 자랑하고요. 버섯 가죽은 동물 희생 없이 얻는 친환경 가죽으로 떠오르고 있어요. 한편 버섯 균사체로 고기를 대신하는 대체 식품을 만들기도 한답니다.

발효의 주인공, 곰팡이와 효모

우리나라 식문화를 이야기할 때 발효 음식을 빼놓을 수 없어요. 곰팡이와 효모는 음식을 발효시키는 데 중요한 역할을 해요. 발효를 거치면 음식의 맛과 영양가가 높아질 뿐 아니라, 썩지 않게 오랫동안 보존할 수 있어요.

전통 발효 음식의 꽃, 누룩곰팡이

곰팡이는 음식을 상하게 만들기도 하지만 발효에 이용되기도 해요. 우리 발효 음식에서 자주 볼 수 있는 균류로 누룩곰팡이가 있어요. 곡식을 쪄서 곰팡이를 번식시키면 발효제인 누룩이 만들어져요. 쌀누룩으로는 된장, 식초, 감주 등을 만들어요. 보리누룩은 보리된장과 소주의 원료로, 콩 누룩은 콩된장의 원료로 쓰이지요.

우리나라에서 된장, 간장 등 장류를 만들기 시작한 때는 통일 신라 시대로 추측해요. 또 고려 시대에 백성에게 옷감과 장류를 나누어 주었다는 기록이 있고, 조선 시대에 쓰인 《구황촬요》에는 장류 제조법이 실려 있지요. 의학자 허준은 《동의보감》에서 약으로 쓰이는 장류를 다루었고, 실학자 홍만선은 《산림경제》에 청국장을 기록했어요. 그리고 1766년에 나온 《증보산림경제》에는 장류 45종 제조법과 만초장이라 불리던 고추장이 소개되어 있지요.

일제 강점기부터 공장에서 장류가 만들어지기 시작했어요. 1990년대에 농협이 농촌 경제를 위해 농산물 가공 산업에 힘을 보태며 장류 제조업이 발전했지요. 이제는 기업까지 뛰어들어 우리 장류가 세계로 뻗어 나가고 있어요.

술을 만드는 균류

누룩곰팡이는 소주, 청주, 막걸리 등 술을 만드는 데도 큰 역할을 해요. 한편 인류는 오랜 옛날부터 발효 원리를 이용해 술을 만들어 마셨어요. 수천 년 전 이집트에서는 효모를 이용해 보리 맥주를 만들었다고 해요. 또 그리스 신화에 따르면 술의 신 디오니소스가 사람들에게 포도주 제조법을 가르쳐 주었다고 하지요. 보리나 포도 속 당분은 효모에 의해 분해되면서 알코올과 이산화 탄소 등으로 바뀌어요. 이러한 과정을 거치며 술이 익는 것이랍니다.

빵과 치즈를 만드는 균류

우리가 흔히 먹는 빵은 효모를 이용해 반죽을 부풀려 만들어요. 또 블루치즈, 카망베르 등 치즈를 만들 때도 곰팡이를 넣어 발효시키지요. 이 밖에도 균류를 이용한 먹을거리가 매우 다양해요.

한눈에 쏙!

균류의 출현과 우리 생활

균류의 출현
- 지구가 생겨난 뒤에 생물이 살아가기 알맞은 환경이 점점 갖춰지며 최초의 생명이 등장함.
- 균류가 육지에 처음 출현한 때는 고생대 오르도비스기임. ➡ 고생대 데본기를 지나며 육지에 식물이 늘어났음. 균류는 식물과 공생하며 더욱 번성했음.

버섯의 생태
- 버섯은 다양한 생물과 관계를 맺으며 살아감.
- 송이버섯, 광대버섯, 무당버섯 등은 식물 뿌리에 균사를 내리고 살며 도움을 주고받음. ➡ 식물은 버섯 균사와 결합해 공생 관계가 맺어진 균뿌리를 이룸. 식물은 균뿌리를 통해 성장에 필요한 땅속 영양소와 수분을 빨아들임. 대신 광합성으로 만든 양분을 나누어 버섯이 자라게 도와줌.
- 유기물을 분해해 양분을 얻는 버섯은 자연의 청소부 역할을 함. 이런 역할을 하는 버섯을 부생균이라고 부름.
- 곤충의 몸속에서 자라거나 다른 버섯에 기생하는 버섯도 있음.

버섯과 우리 생활

- 인류는 버섯을 자연에서 채취하다가 점차 재배도 함.
- 버섯은 맛과 향, 영양가가 좋아 예로부터 음식과 약에 쓰였음.
- 버섯에는 건강에 좋은 성분이 풍부해 몸속에서 유익한 작용을 함.

균류와 발효

- 곰팡이와 효모는 음식을 발효시키는 데 중요한 역할을 함. 발효를 거치면 음식의 맛과 영양가가 높아질 뿐 아니라, 썩지 않게 오랫동안 보존할 수 있음.
- 곡식을 쪄서 곰팡이를 번식시켜 만든 발효제가 누룩임. 우리 조상은 누룩을 이용해 장류와 술을 만들었음.
- 고대 이집트에서는 효모를 이용해 보리 맥주를 만들었음. 그리스 신화에 따르면 술의 신 디오니소스가 사람들에게 포도주 제조법을 가르쳐 주었다고 함. 보리나 포도 속 당분은 효모에 의해 분해되면서 알코올과 이산화 탄소 등으로 바뀜.
- 빵은 효모를 이용해 반죽을 부풀려 만듦. 블루치즈, 카망베르 등 치즈를 만들 때도 곰팡이를 이용함.

지질 시대와 다양한 생물

지구의 역사는 크게 선캄브리아대, 고생대, 중생대, 신생대, 이렇게 네 가지 지질 시대로 나눠요. 먼 옛날 지구에 어떤 생물이 살았는지 살펴볼까요?

선캄브리아대
약 46억 년 전부터 5억 7,000만 년 전까지 시대예요. 바다에서 최초의 생명이 탄생했어요.

고생대
지금부터 약 5억 7,000만 년 전부터 2억 4,000만 년 전까지를 가리켜요. 시간적 순서에 따라 다시 캄브리아기, 오르도비스기, 실루리아기, 데본기, 석탄기, 페름기로 나눠요.

- 캄브리아기: 껍질을 가지는 무척추동물이 많이 나타났어요. 삼엽충이 대표적이지요.
- 오르도비스기: 조개를 닮은 완족동물과 식물로는 해조류가 발달했어요.
- 실루리아기: 바닷속에서 살던 수많은 생물이 땅 위로 올라왔어요.
- 데본기: 곤충이 등장하고, 씨앗으로 번식하는 종자식물도 나타났지요.

삼엽충 화석

- 석탄기: 파충류가 나타나고, 거대한 양치식물이 번성했어요. 이때의 식물이 땅속에 묻혀 오랜 세월 압력과 열을 받아 생긴 것이 석탄이에요.
- 페름기: 대멸종이 일어나 지구의 많은 생물이 사라졌어요.

양치식물 화석

중생대

지금부터 약 2억 4,500만 년 전부터 6,500만 년 전까지를 가리켜요. 시간적 순서에 따라 다시 트라이아스기, 쥐라기, 백악기로 나눠요.

- 트라이아스기: 파충류, 암모나이트, 겉씨식물이 번성했어요. 그리고 포유류가 나타났지요.
- 쥐라기: 공룡이 번성하고, 조류의 조상인 시조새가 나타났어요.
- 백악기: 속씨식물이 번성했어요. 백악기 후기에 공룡이 갑자기 멸종했지요.

암모나이트 화석

공룡 화석

신생대

약 6,500만 년 전부터 인류가 나타나기까지 시대예요. 조류와 포유류 등이 환경에 적응하며 진화했어요.

맛있고도 위험한 버섯

균류 가운데 버섯은 음식에 많이 이용돼요. 하지만 어떤 버섯은 독이 있어서 우리 건강과 목숨을 위협하기도 하지요.

맛있는 식용 버섯

우리나라에서 나는 버섯 중 먹을 수 있는 종류는 약 500가지예요. 밥상에는 느타리버섯, 송이버섯, 표고버섯, 팽이버섯, 목이버섯 등이 자주 오르지요. 이 밖에도 노루궁뎅이버섯, 달걀버섯, 싸리버섯, 주름버섯, 꾀꼬리버섯, 개암버섯 등 다양한 식용 버섯이 있어요.

느타리버섯
마른나무에서 자라는 버섯으로, 모양이 조개껍데기를 닮았어요. 은은한 향을 풍기며 찌개, 볶음 등에 흔히 들어가요.

송이버섯
주로 솔잎이 쌓인 축축한 땅에서 자라요. 독특한 맛과 향을 자랑하며 영양밥, 찌개, 산적 등에 쓰여요.

표고버섯
떡갈나무, 밤나무 등에 기생해 살아가요. 인공으로 재배되기도 하며 다양한 음식에 널리 쓰여요.

팽이버섯
야생 팽나무버섯을 개량해 길쭉한 모양이에요. 맛과 영양가가 좋아 찌개, 전골 등에 쓰이지요.

목이버섯
모양이 사람 귀를 닮았어요. 중국 요리에 많이 쓰이며 약재로도 이용돼요.

위험한 독버섯

붉은사슴뿔버섯, 무당버섯, 알광대버섯, 광대버섯, 미치광이버섯 등은 독이 있는 독버섯이에요.

독버섯을 함부로 만지거나 먹으면 몸에 문제가 생길 수 있어요. 복통, 구토, 설사, 호흡 장애, 환각이 나타나기도 하고 심할 경우 죽음에 이르지요.

만약 독버섯을 먹고 중독 증상을 보이면 바로 토한 다음 그 버섯을 들고 병원에 가서 치료를 받아야 해요.

☠ 붉은사슴뿔버섯
그루터기 주변에 홀로 또는 무리 지어 자라요. 붉은빛을 띠며 모양이 마치 사슴뿔을 닮아 이름이 붙었어요. 약재로 쓰이는 영지버섯의 갓이 생기기 전 모습과 비슷해서 주의해야 해요.

☠ 무당버섯

위장에 자극을 주고 중독을 일으키는 독버섯이에요. 붉은 갓이 눈에 띄는데, 비를 맞으면 색이 바래요.

☠ 알광대버섯

여름과 가을에 숲에서 자라요. 매우 치명적인 독을 가진 데다 마땅한 치료제가 없어서 죽음의 버섯이라고도 불려요.

☠ 광대버섯

붉은 갓 표면에 흰 좁쌀 같은 것이 많이 있어요. 숲이나 산에서 많이 자라며, 전 세계에서 나는 독버섯이에요.

☠ 미치광이버섯

신경을 자극하는 독이 들어 있어요. 먹으면 미친 듯이 웃음이 나와서 웃음버섯이라고도 불려요.

헷갈리기 쉬운 독버섯

어떤 독버섯은 식용 버섯과 매우 닮았어요. 겉모습만으로는 구분이 어렵기 때문에 야생에서 채취한 버섯을 함부로 먹으면 절대 안 돼요.

흔히 모양과 색깔이 화려하면 독버섯이라고 생각해요. 하지만 세상에는 화려하지 않은 독버섯도 있고, 화려한 식용 버섯도 있어요. 곤충이나 뱀이 먹는다고 해서 식용 버섯이라고 섣불리 판단해도 안 돼요.

동물에게 아무렇지 않더라도 사람에게는 문제가 나타날 수 있으니까요. 독버섯이 은수저 색을 변화시킨다는 이야기도 있어요. 물론 은은 황 성분과 만나면 검게 변해요. 하지만 버섯의 다양한 독성 물질을 모두 밝혀낼 수는 없지요. 또 버섯을 들기름으로 요리하면 독성이 줄어든다는 것도 전하는 이야기일 뿐 과학적인 사실이 아니랍니다.

건강에 좋은 약용 버섯

어떤 버섯에는 건강에 좋은 성분이 많이 들어 있어서 질병을 예방하거나 치료하는 데 도움을 줘요. 폴리페놀과 베타글루칸 등이 풍부한 약용 버섯은 인기가 특히 높아요.

약용 버섯 속 유용한 물질

몸속에 활성 산소가 너무 많으면 노화와 각종 질병을 일으키는 원인이 돼요. 약용 버섯에 풍부한 폴리페놀은 활성 산소를 억제하는 항산화 물질로, 스트레스와 염증를 줄이고 면역력을 강화하며 혈관을 건강하게 만들어 줘요.

버섯에 들어 있는 베타글루칸 역시 유용한 물질이에요. 몸속 면역 체계를 강화해 암세포와 세균, 바이러스 같은 침입자를 물리치는 데 도움을 주니까요.

약용 버섯 알아보기

약용 버섯은 면역력 강화, 혈액 순환, 항암, 항염, 항알레르기, 혈압 조절, 혈당 조절, 간 기능 개선 등 다양한 효능을 가지고 있어요. 대표적 약용 버섯을 알아볼까요?

상황버섯
약 2,000년 전부터 약용으로 쓰였다고 해요. 고대 중국의 의학책 《신농본초경》에도 기록되어 있어요.

영지버섯
먹으면 늙지 않는다고 해서 불로초라고 불렸어요. 《동의보감》에도 효능이 기록되어 있어요.

자작나무시루뻔버섯(차가버섯)
자작나무에 기생하는 버섯으로, 항암 효과와 면역 효과가 뛰어나요. 보통 달여서 차로 마셔요.

노루궁뎅이버섯
모양이 노루 궁둥이와 닮아서 이름이 붙었어요. 기억력을 좋게 하고 치매를 예방하는 등 뇌 건강에 도움을 줘요.

동충하초
인삼, 녹용과 함께 동양의 3대 보약으로 잘 알려져 있어요. 중국 진시황제와 양귀비가 즐겨 먹었다고 해요.

망태말뚝버섯
갓 아래로 치마 같은 그물망을 펼쳐요. 대나무 숲에서 잘 자라며, 항암 효과가 뛰어난 것으로 알려져 있어요.

 ## 유용한 곰팡이

곰팡이가 피면 사람들은 인상을 찌푸려요. 떠다니는 곰팡이 포자와 접촉하면 질병이 생길 수 있으니까요. 그러나 몇몇 곰팡이는 달라요. 우리 생활에 도움을 주지요.

질병을 치료하는 곰팡이

푸른곰팡이에서 뽑아낸 페니실린은 수많은 사람의 목숨을 살렸어요. 페니실린은 세균이 더 이상 퍼지지 못하게 막는 항생 물질이거든요. 1928년, 영국의 과학자 플레밍은 푸른곰팡이로부터 페니실린을 발견해 의학 역사를 바꾸었어요. 덕분에 인류는 세균성 질병에 맞설 수 있게 되었지요. 페니실린은 지금도 널리 쓰여요.

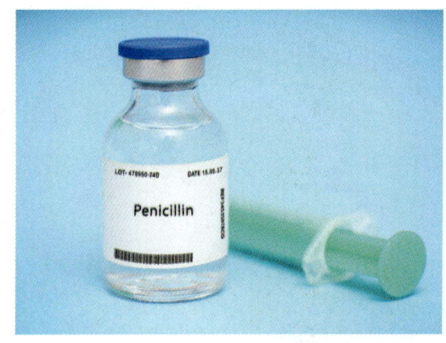
최초의 항생제, 페니실린

이 밖에도 곰팡이에서 추출한 다양한 물질이 항생제, 항암제, 면역 억제제, 피부병 치료제 등 의약품 개발에 활발히 이용되고 있어요.

분해 능력이 뛰어난 곰팡이

곰팡이는 무엇이든 먹어 치우는 자연의 분해자예요. 생명체를 이루는 유기물은 물론이고, 중금속과 방사성 물질까지도 분해하지요. 그

뿐만 아니라 기름으로 오염된 토양을 깨끗하게 돌려놓고, 산업 활동으로 생긴 폐기물도 말끔히 없애요. 이렇게 곰팡이의 뛰어난 분해 능력을 잘 활용하면 환경 오염을 막을 수 있답니다.

해충을 막는 곰팡이

곰팡이는 농작물에 피해를 입히는 해충을 막는 데도 도움이 돼요. 백강균은 흰색을 띠는 곰팡이로, 곤충 몸에 파고들어 균사를 퍼뜨려요. 곤충은 양분을 빼앗기고 몸이 굳은 채 죽음에 이르지요. 화학 약품을 쓰지 않고도 해충을 없애는 친환경 살충제인 셈이에요.

곤충의 몸을 뒤덮은 백강균 균사

친환경 재료가 되는 곰팡이

포장재로 흔히 쓰는 플라스틱, 스티로폼은 땅속에 묻으면 오래도록 썩지 않아 환경을 오염시켜요. 그런데 톱밥 따위에 균사를 섞어서 재배해 말리면 친환경 포장재가 만들어진다는 것 알고 있나요? 잘 기른 균사를 이용하면 벽돌도 만들 수 있어요. 균사를 촘촘히 채워서 만든 벽돌은 단단해서 건물을 짓는 데 쓰여도 아무런 문제가 없다고 해요.

소중한 생물 자원, 균류

식용 버섯과 독버섯

- 식용 버섯: 독이 없어 먹을 수 있는 버섯. 맛과 향이 좋고 영양가가 풍부함. 우리나라에서 나는 식용 버섯 종류는 약 500가지이며 느타리버섯, 송이버섯, 표고버섯, 팽이버섯, 목이버섯 등이 있음.
- 독버섯: 독이 있어서 함부로 만지거나 먹으면 몸에 부작용을 일으킴. 심할 경우 죽음에 이르기도 함. 독버섯 종류는 붉은사슴뿔버섯, 무당버섯, 알광대버섯, 광대버섯, 미치광이버섯 등이 있음.
- 어떤 독버섯은 식용 버섯과 매우 닮아서 헷갈림. 단순히 겉모습만 보고 식용 버섯이라고 판단하면 위험함. ➡ 독버섯을 먹고 중독 증상이 나타나면 바로 토한 다음 그 버섯을 들고 병원에 가서 치료를 받아야 함.

약용 버섯

- 몸속에 활성 산소가 너무 많으면 노화와 각종 질병을 일으키는 원인이 됨. 약용 버섯에 풍부한 폴리페놀은 활성 산소를 억제하는 항산화 물질로, 스트레스와 염증을 줄이고 면역력을 강화하며 혈관을 건강하게 만들어 줌.
- 버섯에 들어 있는 베타글루칸 역시 유용한 물질임. 몸속 면역 체계를 강화해 암세포와 세균, 바이러스 같은 침입자를 없애는 데 도움을 줌.

- 상황버섯, 영지버섯, 자작나무시루뻔버섯(차가버섯), 노루궁뎅이버섯, 동충하초, 망태말뚝버섯 등은 건강에 좋은 성분이 풍부해 질병을 예방하거나 치료하는 데 도움을 줌.

곰팡이의 활용

- 푸른곰팡이에서 뽑아낸 페니실린은 세균을 억제하는 항생 물질임. 이처럼 곰팡이에서 추출한 다양한 물질을 의약품 개발에 활용하고 있음.
- 곰팡이의 분해 능력을 이용해 산업 활동으로 생긴 폐기물을 처리함.
- 백강균은 곤충 몸에 파고들어 균사를 퍼뜨림. 곤충은 양분을 빼앗기고 몸이 굳은 채 죽게 됨. 백강균을 이용하면 화학 약품을 쓰지 않고도 해충을 없앨 수 있음.
- 균사를 이용해 친환경 포장재나 벽돌 따위를 만들기도 함.

암을 치료하는 버섯

암은 몸속에 해로운 세포가 생겨서 자꾸 불어나는 병이에요. 결국에는 주위 조직이나 다른 장기로 퍼져 죽음에 이르게 하지요. 최근 몇몇 약용 버섯이 항암 식품으로 주목을 받았어요. 버섯에 들어 있는 베타글루칸은 면역 체계를 강화할 뿐만 아니라 암 예방에도 효과적이라고 밝혀졌지요. 암 예방에 도움이 된다고 알려진 버섯을 조금 더 자세히 알아볼까요?

암에 좋은 자작나무시루뻔버섯(차가버섯)

자작나무에 기생하는 버섯이에요. 다른 버섯에 비해 베타글루칸이 풍부하며, 베툴린산·파이토케미컬 등이 들어 있어 암세포가 성장하는 것을 늦춰 줘요. 이 밖에도 좋은 성분들이 다양해 건강에 도움을 주지요. 흔히 차가(Chaga)버섯이라고도 하며, 러시아에서는 암 치료 약재로 인정받고 있다고 해요.

불로초 영지버섯

말려서 약으로 쓰며, 현대의 불로초라 불려요. 암을 예방하는 베타글루칸뿐 아니라 불포화지방산, 칼륨, 인 등이 풍부해서 면역력을 높여 줘요. 또 심혈관 질환을 예방하는 것으로도 알려져 있지요. 섬유질과 키틴이 들어 있어서 변비, 비만, 불면증 치료에도 효과를 보여요.

쉽게 구하는 표고버섯

참나무, 밤나무, 떡갈나무 등에 기생해 자라는 버섯이에요. 맛과 향이 좋을 뿐 아니라 재배도 쉽지요. 표고버섯의 레시틴 성분은 암세포 증식을 막고 혈액 순환을 도와줘요. 또 콜레스테롤 수치를 낮추는 엘리타데닌이 들어 있어서 심혈관 질환과 성인병 예방에 도움이 돼요.

불로장생 동충하초

예로부터 동충하초는 늙지 않고 오래 사는 불로장생의 약으로 알려져 왔어요. 최근 연구에 따르면 동충하초는 암 치료, 면역력 강화, 피로 회복, 노화 방지 등에 효과가 있다고 밝혀졌지요. 또 감기를 예방해 준다고 해요.

지구에 없으면 안 될 균류

푸른 지구에 살아가는 모든 생명체는 그물처럼 복잡하게 연결되어 있어요. 생태계 안에서 생물들은 서로 먹고 먹히면서 살아가는데, 먹이 그물이 안정적으로 유지되려면 균류의 역할이 매우 중요해요.

자연의 청소부

지구 위 생물과 생물을 둘러싼 환경은 서로 어우러져 영향을 주고받아요. 모든 생물은 지구라는 커다란 생태계에서 생산자, 소비자, 분해자로서 역할을 맡아 살아가지요.

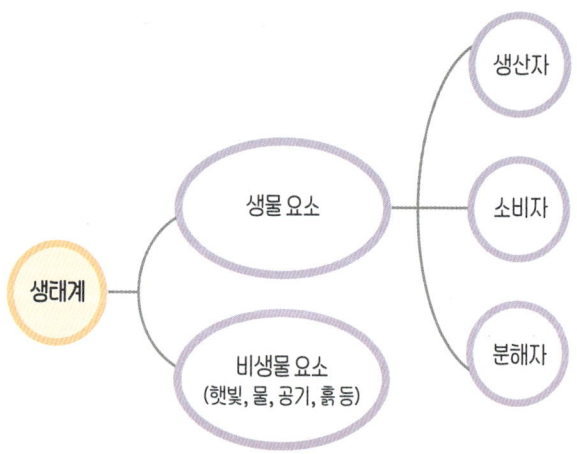

생산자의 대표인 식물은 광합성을 통해 살아가는 데 필요한 양분을 스스로 만들어 저장해요. 소비자인 동물은 식물이나 다른 동물을 먹고 양분을 얻어서 살아가요. 분해자인 균류는 죽은 동식물이나 똥오

줌을 분해해 흙으로 돌려보내요. 기름진 토양에서는 식물이 무럭무럭 자라며, 식물이 잘 자라면 초식 동물의 먹이가 풍부해지고, 더불어 육식 동물도 사냥으로 먹이를 구하기가 쉬워져요.

만약 균류가 없다면 어떨까요? 아마 지구는 쓰레기가 넘쳐 나는 행성이 될 거예요. 지구 생태계가 건강하려면 청소부인 균류의 역할이 중요해요. 균류 덕분에 푸른 지구가 아름답게 유지되는 것이랍니다.

식물과 공생하는 균류

균류는 생태계의 분해자이며, 다양한 생명체와 함께 살아가는 생물이에요. 그리고 오래전부터 식물과 공생해 왔어요. 포자에서 뻗어 나간 균사는 땅속에 매우 넓게 퍼져 자라 식물의 성장을 돕지요.

땅속에서 이루어지는 놀라운 협력

식물이 자라난 땅속을 살펴보면 뿌리를 친친 둘러 감은 균사를 찾을 수 있어요. 식물은 균사가 제 뿌리를 휘감아도 싫어하지 않아요. 깊은 땅속 영양소와 수분을 흡수하도록 도와주니까요. 만약 균류의 도움이 없으면 식물은 연약한 뿌리를 가지고 무럭무럭 자라나지 못할 거예요. 물론 식물도 균류에게 도움을 줘요. 광합성으로 만든 양분을 균뿌리를 통해 전하지요. 이렇게 균류는 식물로부터 양분을 얻어서 살아갈 수 있어요.

아주 오래전, 식물은 물속에서 살다가 육지로 올라왔어요. 그중 대부분은 균류와 공생하며 진화해 왔지요. 만약 균류가 사라지면 어떤 일이 벌어질까요? 식물이 잘 자라지 못할 테고, 더 나아가 생태계 균형까지 무너지게 될 거예요.

땅속에서 균뿌리가 넓게 자라난 모습

자연 속 버섯 농사꾼들

균류는 식물에게만 중요한 생물이 아니에요. 균류를 먹고 사는 동물에게도 매우 소중하지요. 특히 버섯은 영양가가 높아 다람쥐, 사슴, 쥐, 민달팽이 등에게 중요한 먹이가 돼요. 놀랍게도 사람처럼 버섯 농사를 짓는 곤충도 있답니다.

버섯 농사꾼 ① 흰개미

땅에 묻힌 나무 속에 사는 흰개미는 단백질을 얻을 곳이 마땅히 없어요. 그래서 어떤 흰개미들은 스스로 버섯 농사를 짓지요. 이들은 자기 배설물 속에 포자를 심어요. 배설물을 분해해 자라난 포자를 먹어 모자란 단백질을 채워요.

버섯 농사꾼 ② 잎꾼개미

중남미 열대 지역에 사는 잎꾼개미도 버섯 농사꾼이에요. 잎꾼개미는 가위처럼 생긴 큰 턱으로 나뭇잎을 잘라서 굴로 옮겨요. 그런 다음 나뭇잎을 씹어 침과 섞은 반죽에 포자를 심지요. 이렇게 양분을 얻어 자라난 버섯은 애벌레에게 훌륭한 먹이가 돼요.

나뭇잎을 옮기는 잎꾼개미

기후 변화를 막을 균류

오늘날 지구 온난화가 심각한 문제로 떠올랐어요. 산업화로 대기 중에 이산화 탄소가 빠르게 늘어났기 때문이에요. 그런데 기후 변화에 있어서 균류가 중요한 역할을 맡고 있다고 해요. 과연 무엇일까요?

생물 지표종으로 알아보는 기후 변화

온난화에 따른 기후 변화는 생물에게 많은 문제를 일으켰어요. 특히 생물이 살아가는 환경에 커다란 변화를 가져왔거든요. 환경이 급격히 달라지면 생존과 번식이 힘들어져요. 오늘날 멸종 위기에 몰린 생물들을 살펴보면 기후 변화를 알 수 있답니다.

환경부는 기후 변화가 한반도 생물에게 미치는 영향을 알기 위해 기후 변화 생물 지표 100종과 후보 30종을 지정해 지속적으로 관리하고 있어요. 생물 지표 100종에는 노루궁뎅이버섯·느타리버섯·마귀광대버섯·큰갓버섯·팽나무버섯·표고버섯·황소비단그물버섯이, 후보 30종에는 노란개암버섯·배젖버섯이 포함되어 있지요.

땅속 탄소 창고

기후 변화를 조절하는 데 토양이 큰 역할을 해요. 토양은 대기보다 탄소를 두세 배 가까이 저장하고 있으니까요. 이렇게 많은 탄소를 저장하는 데 균류가 한몫을 단단히 하지요.

광합성은 식물이 햇빛을 받아, 대기 중 이산화 탄소와 뿌리로 빨아들인 물로 양분과 산소를 만들어 내는 일이에요. 엽록체는 빛 에너지를 이용해 이산화 탄소와 물로부터 에너지 덩어리인 포도당을 만드는데, 이 과정에서 산소도 생겨나요.

균류는 식물 뿌리와 공생 관계를 맺고 있잖아요? 땅속 영양소와 수분을 식물에게 주고 대신 식물로부터 양분이 되는 포도당을 받아 저장하지요. 포도당은 탄소로 이루어져 있는데, 이 탄소는 이산화 탄소에서 온 것이에요. 그러니까 균류는 기후 변화의 원인인 이산화 탄소를 땅속에 가두는 창고인 셈이지요. 한 연구 발표에 따르면, 땅속 균류가 매년 탄소를 131억 톤 넘게 저장한다고 해요.

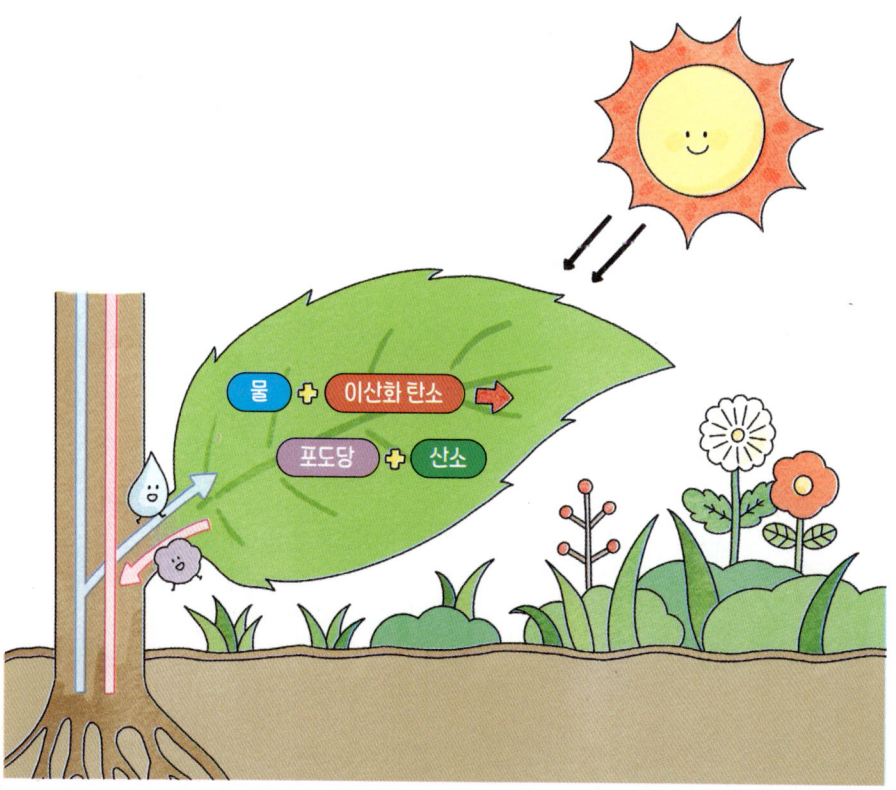

생태계와 균류

생태계와 균류의 역할

- 생태계: 생물과 생물을 둘러싼 환경이 어우러져 서로 영향을 주고받는 세계. 생태계의 모든 생물은 그 역할에 따라 생산자, 소비자, 분해자로 나뉨.
- 생산자: 햇빛을 받아 광합성을 해 스스로 양분을 만들어 내는 생물.
- 소비자: 스스로 양분을 만들어 내지 못하고 다른 생물을 통해 양분을 얻는 생물.
- 분해자: 유기물을 분해해 자연으로 되돌리는 생물.
- 생태계가 건강하게 유지되려면 분해자인 균류의 역할이 중요함.

균류의 공생

- 식물 대부분은 균류와 공생하며 살아왔음. 땅속 균뿌리를 통해 영양소, 물, 양분 따위를 서로 주고받음. 만약 균류가 사라지면 식물이 잘 자라지 못해서 생태계 균형이 무너질 것임.
- 사람처럼 버섯 농사를 짓는 동물도 있음. 흰개미와 잎꾼개미는 배설물이나 나뭇잎 따위로 밭을 만들어 포자를 심음. 양분을 흡수한 포자가 버섯으로 자라면 먹이로 활용함.

기후 변화와 균류

- 산업화로 대기 중 이산화 탄소가 빠르게 늘어났음. 온난화에 따른 기후 변화는 지구에 사는 생물에게 많은 영향을 미침. ➡ 환경이 급격히 달라져 생물종이 줄면 생존과 번식이 힘들어짐. 기후 변화로 멸종 위기에 몰린 생물도 있음.

- 환경부는 기후 변화가 한반도 생물에게 미치는 영향을 알아보기 위해 기후 변화 생물 지표 100종과 후보 30종을 지정해 지속적으로 관리함. 생물 지표 100종에는 노루궁뎅이버섯·느타리버섯·마귀광대버섯·큰갓버섯·팽나무버섯·표고버섯·황소비단그물버섯이, 후보 30종에는 노란개암버섯·배젖버섯이 포함되어 있음.

- 엽록체에 빛이 들어가면 이산화 탄소와 물이 포도당과 산소로 변함. ➡ 균류는 땅속 영양소와 수분을 흡수해 식물에게 주고, 대신 식물로부터 양분이 되는 포도당을 받아 저장함. ➡ 포도당은 탄소로 이루어져 있으며, 이 탄소는 이산화 탄소에서 온 것임. 균류와 식물의 공생 관계로 엄청나게 많은 탄소가 토양에 저장되고 있음.

한 걸음 더!

지구에 꼭 필요한 생물들

영국 왕립지리학회는 '그 역할이 중요하기에 다른 것이 대신할 수 없는 생물' 다섯 가지를 선정한 바 있어요. 당연히 자연의 청소부로서 생태계 순환에 이바지하는 균류가 빠질 수 없지요. 또 어떤 생물이 뽑혔는지 알아볼까요?

숲의 정원사, 영장류

영장류는 사람을 비롯해 오랑우탄, 고릴라, 침팬지, 긴팔원숭이류 등을 포함해요. 이들 동물은 주로 기온이 높고 강우량이 많은 열대 지역 숲에 사는데, 열매를 먹고 씨앗을 배설해서 나무의 번식을 도와요. 그뿐 아니라 가지를 다듬어서 숲 바닥까지 햇빛이 들어오도록 해요. 그래서 숲의 정원사라고 불려요.

벌레 잡는 박쥐

박쥐는 혐오스러운 동물로 여겨져 왔어요. 그런데 자연에 사는 박쥐는 하루에 벌레를 수천 마리나 잡아먹어요. 박쥐가 잡아먹는 벌레는 대개 농사에 피해를 주는 해충이에요. 만약 박쥐가 사라지면 해충이 들끓어 식량이 부족한 사태가 벌어지겠지요?

지구의 허파, 플랑크톤

플랑크톤은 물에 떠다니는 아주 작은 생물이에요. 작은 새우부터 거대한 고래까지, 물속 동물의 먹이가 되지요. 게다가 식물성 플랑크톤은 이산화 탄소를 흡수해 산소를 내뱉어요. 대기 중 산소의 절반가량은 식물성 플랑크톤이 만든 것이에요. 나무가 내뱉는 산소보다 훨씬 많은 양이지요. 그래서 플랑크톤을 지구의 허파라고도 불러요.

열매를 맺게 도와주는 꿀벌

꿀벌이 꽃가루를 옮겨 주어야 식물이 번식할 수 있어요. 그런데 최근 기후 변화, 화학 살충제, 전염병 등으로 꿀벌 수가 줄어들었지요. 꿀벌이 사라지면 식물이 열매를 맺지 못해 생태계가 무너지고 말 거예요. 많은 농작물의 꽃가루받이를 꿀벌이 책임지고 있으니 사람도 위기를 피할 수 없어요.

5화

균류 세상을 밝혀라

사회 우리가 연구해야 할 균류

- 균류, 정체를 밝혀 주마
- 자연의 선물, 생태계 서비스
- 소중한 균류를 지키자

한눈에 쏙 우리가 연구해야 할 균류
한 걸음 더 균류를 연구한 과학자들

균류, 정체를 밝혀 주마

지구에는 셀 수 없이 많은 생물이 살아가고 있어요. 과학자들은 비슷한 특징을 가진 생물끼리 묶어서 분류했는데, 균류는 식물인지 동물인지 헷갈렸지요. 1735년에 생물학자 린네는 생물을 식물계와 동물계로 나누고, 균류를 식물계에 넣었어요. 이후 현미경과 미생물학이 발달하며 헤켈은 원생생물계를 추가한 3계를 제안했지요.

생물의 분류

균류의 정체를 밝힌 사람은 바로 휘태커예요. 휘태커는 균류가 식물도, 동물도, 원생생물도 아니라고 주장했어요. 식물처럼 양분을 스스로 만들 수 없을 뿐 아니라, 동물이나 원생생물과도 차이가 있었으니까요. 휘태커는 균류가 하나의 독립된 생물계라고 밝히며 균계로 따로 분류하자고 주장했어요. 이렇게 생물을 원핵생물계, 원생생물계, 균계, 식물계, 동물계로 나눈 5계 체계가 만들어졌지요.

2계 1735년 (린네)   3계 1866년 (헤켈)   5계 1969년 (휘태커)

과학이 한층 발전해 현재는 생물을 3역 6계 체계로 분류하고 있어요. 3역은 세균역, 고세균역, 진핵생물역이에요. 그 아래 6계에 세균계, 고세균계, 원생생물계, 균계, 식물계, 동물계가 있지요. 새롭게 밝혀진 생물계를 연구하면 앞으로 더 많은 자연의 혜택을 누리게 될 거예요.

생물 분류	설명	3역 6계 1990년 워즈	5계 1969년 휘태커	3계 1866년 헤켈	2계 1735년 린네
진핵생물역	다세포 생물. 광합성으로 스스로 양분을 만들지 못해서 먹이에서 양분을 얻음. 운동 기능이 발달했음.	동물계	동물계	동물계	동물계
	다세포 생물. 광합성을 해서 스스로 양분을 만듦.	식물계	식물계	식물계	식물계
	대부분이 다세포 생물임. 광합성을 해 스스로 양분을 만들지 못해서 유기물로부터 양분을 얻음.	균계	균계		
	막으로 싸인 핵이 있으며 균계, 식물계, 동물계 어디에도 속하지 않음. 대부분이 단세포 생물임.	원생생물계	원생생물계	원생생물계	
고세균역	극한 환경에서도 살 수 있는 단세포 생물임.	고세균계	원핵생물계		
세균역	단순한 구조를 띠는 단세포 생물임.	세균계			

자연의 선물, 생태계 서비스

우리는 자연으로부터 수많은 선물을 받아요. 자연은 우리에게 살아갈 곳과 생존에 필요한 공기, 식량, 물 등을 내줘요. 또 행복하게 지낼 수 있도록 환경을 조절해 주지요. 우리는 아름다운 자연 속에서 휴식을 즐기며 건강을 챙기기도 해요. 이렇게 얻는 다양한 혜택을 생태계 서비스라고 해요.

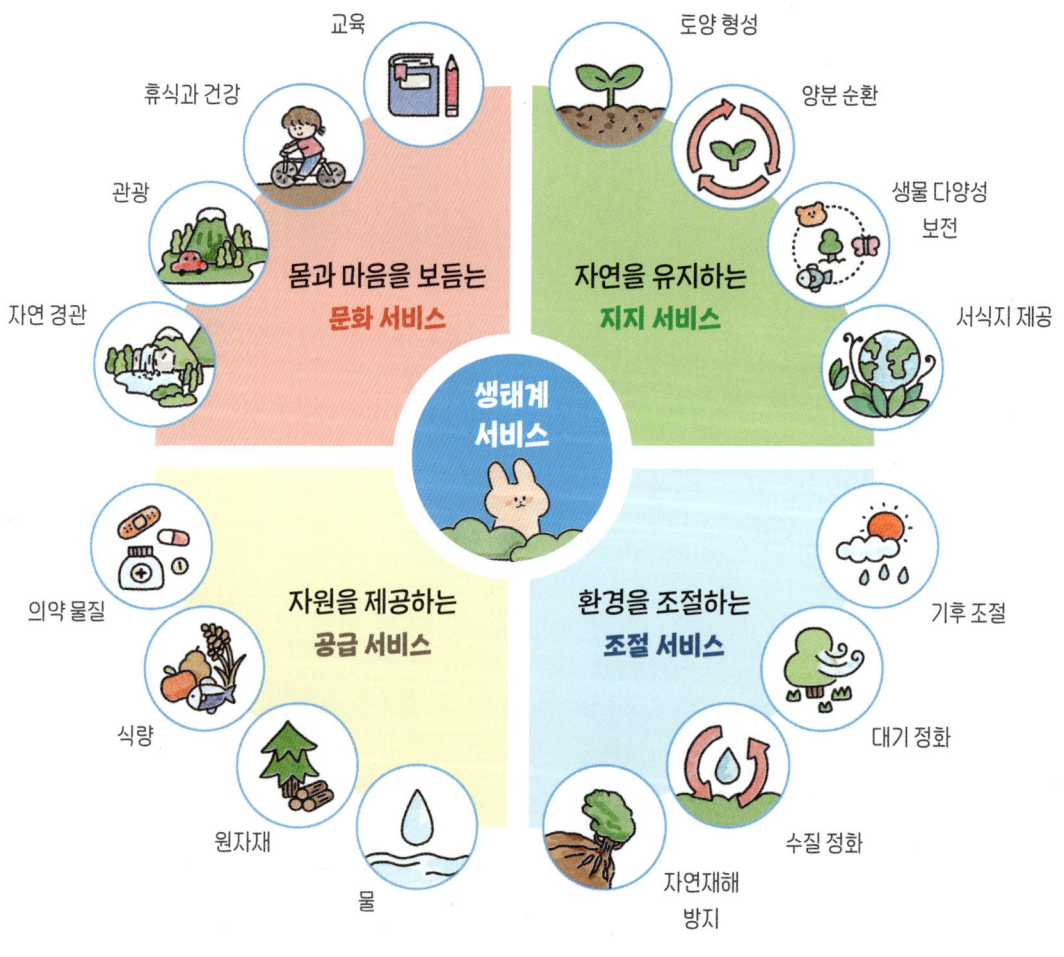

자연을 유지하는 지지 서비스

토양을 이루고, 생물 다양성을 보전하고, 서식지를 제공하고, 양분을 순환시키는 등 자연을 유지하는 지지 서비스는 가장 중요한 혜택이에요. 지지 서비스가 기본적으로 마련되어야 조절 서비스, 공급 서비스, 문화 서비스 등을 누릴 수 있지요.

균류는 유기물을 분해해 토양으로 되돌려 양분 순환에 중요한 역할을 함으로써 지지 서비스가 유지되는 데 이바지하지요.

인류의 수호자, 조절 서비스

건강한 생태계는 환경을 조절해 지구의 균형을 유지해요. 자연재해 방지에도 중요한 역할을 해 우리 삶을 보호해 주지요. 조절 서비스에는 기후를 적당히 유지하는 것도 포함돼요. 그런데 산업화로 대기 중에 이산화 탄소가 급격히 늘어나 이 기능이 위협을 받고 있어요.

앞서 균류는 거의 모든 육지 식물과 공생 관계를 맺고 땅속에 탄소를 저장하는 역할을 한다고 했지요? 균류의 활약으로 대기 중 이산화 탄소가 줄면 기후 변화를 막을 수 있을지도 몰라요.

아낌없이 주는 공급 서비스

자연은 인류를 위해 아낌없이 베풀어요. 우리가 살아가는 데 꼭 필요한 물과 식량을 내줄 뿐 아니라, 문명 발전에도 도움을 주었지요. 인류는 오랜 옛날부터 생태계의 여러 생산물을 받아 문명을 발전시켰어요. 식물 섬유나 동물 가죽으로 옷을 만들어 입고, 나무·광물·연료 등을 얻어 물건을 만들어 썼지요. 과학이 발전한 오늘날에는 생물이 가진 유전 가치를 활용해 의약품을 개발하기까지 이르렀어요.

균류 자원의 이용

음식을 분해해 발효시키는 균류 → 발효 음식

세균을 억제하는 균류 → 치료제

영양가 높고 약효가 있는 균류 → 건강식품

자연이 주는 문화 서비스

자연 속에서 휴식을 즐기면 몸도 마음도 건강해져요. 많은 사람이 자연을 찾아 여행을 떠나는 이유이지요. 아름다운 풍경을 보면 새로운 느낌과 생각이 샘솟고는 해요. 또 자연을 탐구하며 지식을 얻기도 하지요. 자연은 우리가 다양한 문화적 경험을 할 수 있도록 도와주는 소중한 존재예요.

우리가 지켜야 할 소중한 자원

생태계는 지구의 중요한 자원이에요. 생태계 서비스 가치는 지구촌 모든 나라의 총생산을 합친 것보다 크다고 해요. 정말 대단하지요?

인류가 발전한 바탕에는 생태계 서비스가 있어요. 사람뿐 아니라 지구에 사는 모든 생물이 그 혜택을 받아요. 우리는 지구 위 모든 생물이 행복하게 살아갈 수 있도록 생태계를 보호해야 해요. 다양한 생물이 함께 어우러져 살아야 생태계가 무너지지 않고 그 기능을 유지할 수 있거든요. 생태계가 건강할수록, 사람을 비롯한 모든 생물이 더 행복해질 거예요.

소중한 균류를 지키자

그동안 우리는 균류를 제대로 알지 못했어요. 그 특별함을 알아차리면 더욱 소중히 아끼게 될 거예요.

해롭지만 이롭기도 해

균류는 지저분하거나 귀찮은 존재로 오해받는 경우가 많아요. 음식을 상하게 하고, 농작물에 피해를 주며, 질병을 일으키기도 하니까요. 그러나 모든 균류가 해로운 건 아니에요. 앞에서 살펴봤듯이 생활에 유용한 균류도 많아요. 우리는 균류를 발효 음식에 이용하고, 균류에서 얻은 물질로 치료제를 만들고, 건강에 좋은 성분을 이용해 건강식품으로 가공하지요. 또 균류는 생명 과학 기술과 결합해 우리 생활의 다양한 문제를 해결하는 데도 도움을 줘요.

균류와 생명 과학 기술의 만남	
생물 농약	몇몇 균류는 흰개미, 모기 등 해충을 없애는 특성이 있어요. 이를 활용한 생물 농약은 친환경 농약으로 주목을 받아요.
바이오 연료	화석 연료를 태울 때 이산화 탄소가 발생해요. 바이오 연료는 화석 연료를 대신할 새로운 에너지원으로 떠오르고 있어요. 유기물을 발효시켜 만드는데, 이 과정에 균류를 이용해요.
오염 물질 및 하수 처리	유기물을 분해하는 균류의 특성을 활용해 오염 물질을 없애고 하수를 처리해요.

균류를 지키자

균류는 지구의 수많은 생물과 오랫동안 더불어 살아왔어요. 그동안 우리는 균류를 잘 몰랐던 것 같아요. 지금도 많은 사람이 균류를 오해하고 있고요. 이렇게 오해가 쌓인 것은 연구가 부족하기 때문이 아닐까요? 지금까지 인류가 밝혀낸 균류는 고작 10퍼센트 안팎이라고 해요. 균류 없이 지구가 건강하게 유지될 수 없는데도, 우리는 균류에 대해 아는 게 적어요.

균류는 지구 생태계에서 매우 중요한 역할을 맡고 있어요. 만약 균류가 사라지면 지구에 사는 모든 생물이 위험에 빠질 게 분명해요. 거꾸로 생각해 보면 우리가 균류를 잘 알고 지킨다면 생태계가 더욱 건강해지겠지요? 앞으로 활발한 연구를 통해 균류에 대해서 더 많은 지식을 얻을 수 있기를 바라요.

우리가 연구해야 할 균류

생물의 분류

- 생물 2계: 1700년대에 린네가 생물을 식물계와 동물계로 분류함.
- 생물 3계: 1800년대에 헤켈이 생물을 식물계, 동물계, 원생생물계로 분류함.
- 생물 5계: 1960년대에 휘태커가 생물을 원핵생물계, 원생생물계, 균계, 식물계, 동물계로 분류함. 이때부터 균류를 하나의 독립된 생물계로 보았음.
- 3역 6계: 1990년대부터 생물을 3역 6계로 분류함. 3역은 세균역, 고세균역, 진핵생물역임. 그 아래 분류인 6계에 세균계, 고세균계, 원생생물계, 균계, 식물계, 동물계가 있음.

생태계 서비스

- 생태계 서비스: 생태계로부터 얻는 다양한 혜택을 뜻함. 지지 서비스, 조절 서비스, 공급 서비스, 문화 서비스 등이 있음.
- 지지 서비스: 토양 형성, 생물 다양성 보전, 서식지 제공, 양분 순환 등 자연을 유지하는 서비스.
- 조절 서비스: 기후 조절, 대기 정화, 수질 정화, 자연재해 방지 등 환경을 조절하는 서비스.

- 공급 서비스: 물, 식량, 원자재, 의약 물질 등 자원을 제공하는 서비스.
- 문화 서비스: 아름다운 자연 경관, 관광, 휴식과 건강, 교육 등 문화적 경험을 제공하는 서비스.

균류 연구의 중요성

- 균류는 우리 생활에 해로운 영향을 끼치기도 하지만 이롭게 쓰이기도 함. 우리는 균류를 발효 음식에 이용하고, 균류에서 얻은 항생 물질로 치료제를 만들고, 건강에 좋은 성분을 이용해 건강식품으로 가공함.
- 균류는 생명 과학 기술과 결합해 우리 생활의 다양한 문제를 해결하는 데 도움을 주고 있음. 생물 농약, 바이오 연료, 오염 물질 및 하수 처리 등에 이용됨.
- 균류는 지구 생태계에서 매우 중요한 역할을 하므로 연구와 보전에 힘써야 함.

균류를 연구한 과학자들

과학자들은 오랜 시간 동안 균류에 관심을 가지고 연구를 해 왔어요. 균류의 비밀을 파헤친 과학자들을 만나 봐요.

효모의 정체는? 레이우엔훅과 파스퇴르

고대 이집트에서는 술과 빵을 만들 때 효모를 썼어요. 그때는 효모의 정체를 제대로 몰랐지만요. 과연 효모를 처음으로 발견한 사람은 누구일까요? 1680년, 네덜란드의 레이우엔훅은 현미경을 통해 최초로 맥주 방울 속에서 효모를 발견해 냈어요. 하지만 부패나 발효를 일으키는 주인공이 아주 작은 생물이라는 게 알려진 때는 그보다 뒤인 1800년대예요. 프랑스의 과학자 파스퇴르가 알코올 발효를 담당하는 효모의 역할을 찾았지요. 이는 식품 과학에도 큰 영향을 미쳤답니다.

페니실린을 발견한 플레밍

푸른곰팡이에서 뽑아낸 페니실린은 인류를 세균성 질병으로부터 해방시킨 기적의 물질이에요. 1928년, 영국의 과학자 플레밍은 포도상 구균을 기르던 배양 접시 뚜껑을 열어 둔 채 휴가를 다녀왔어요. 배양 접시에서 푸른곰팡이가 자랐는데, 놀랍게도 그 주변에만 세균이 없었지요. 이 발견으로 최초의 항생제가 만들어진 것이랍니다.

우리나라 균학 발전을 이끈 김삼순

김삼순은 1966년 57세에 우리나라 여성 최초로 농학 박사 학위를 받았어요. 이후 세상을 떠나기까지, 우리나라 균학 발전에 큰 공헌을 했지요. 김삼순은 특히 버섯 연구에 집중해 인공 재배 기술을 보급했어요. 수백 종에 이르는 버섯에 우리말 이름을 붙여 〈한국말 버섯 이름 통일안〉을 만들고, 우리나라 야생 버섯을 정리해 도감도 내놓았지요.

워크북

1화 개념 – 버섯과 곰팡이의 특징

1 다음 글을 읽고 무엇과 관련 있는지 〈보기〉에서 찾아 적어 봐요.

- 광합성을 하지 않는 생물이에요.
- 다른 생물이나 유기물로부터 양분을 얻어 살아가요.
- 활동적으로 움직일 수 없어요.

보기

균류   식물   동물

_____

2 알맞은 설명을 찾아 선으로 이어 봐요.

① 균사 •   • ㉠ 자손을 퍼뜨리기 위한 생식 세포예요.

② 포자 •   • ㉡ 균류의 몸을 이루는 실 모양의 세포예요.

③ 균사체 •   • ㉢ 균사가 촘촘하게 얽힌 덩어리예요.

3 다음 표의 빈칸에 들어갈 단어를 각각 적어 봐요.

	공생성 균류	(㉠)성 균류
양분 얻는 방법	땅속 영양소와 수분을 나누어 주는 대신 식물로부터 양분을 얻음.	다른 생물에 붙어 양분을 빼앗아 살아감.
예	㉡	백강균, 잿빛곰팡이 등

㉠ : _____ ㉡ : _____

4 괄호 안에 들어갈 알맞은 말에 동그라미 쳐 봐요.

> 버섯과 곰팡이는 따뜻하고 (바짝 마른 / 축축한) 환경을 좋아해요.

2화 역사 – 균류의 출현과 우리 생활

1 다음 문장을 읽고 맞으면 ○, 틀리면 ×표시를 해 봐요.

- 약 46억 년 전 지구와 함께 최초의 생명체도 탄생했어요. (   )
- 물속에 살던 생물이 육지로 올라와 다양하게 진화했어요. (   )
- 식물과 공생하며 균류는 더욱 번성했어요. (   )

2 사진 속 버섯이 양분을 얻는 방법을 적어 봐요.   서술형 문항 대비 ✓

곤충에서 피어나는 동충하초

3 버섯에 대해 누가 틀리게 말하고 있는지 골라 봐요.

① 버섯은 맛과 향뿐 아니라 영양가가 좋아.

② 약효가 뛰어나 약재로도 쓰이지.

③ 인류는 현대에 와서야 버섯 재배를 시작했어.

④ 오늘날 패션 재료로도 이용되고 있어.

4 다음 글을 읽고 괄호 안에 공통으로 들어갈 단어를 적어 봐요.

> 곰팡이와 효모는 (   )에 이용되는 균류예요. 음식을 (   ) 시키면 맛과 영양가가 높아질 뿐 아니라, 오래도록 보존할 수 있어요.

_____

3화 자원 – 소중한 생물 자원, 균류

1 버섯은 음식에 많이 쓰여요. 그런데 어떤 버섯은 독이 있어서 먹으면 위험해요. 다음 중 독버섯을 골라 적어 봐요.

느타리버섯

표고버섯

팽이버섯

광대버섯

_____

2 다음 문장을 읽고 맞으면 ○, 틀리면 ×표시를 해 봐요.

- 어떤 독버섯은 식용 버섯과 닮아서 헷갈리기 쉬워요. (   )
- 독버섯은 모두 모양과 색깔이 화려해요. (   )
- 은수저로 독버섯을 밝혀낼 수 있어요. (   )

3 밑줄 친 부분에 해당하는 버섯을 아는 대로 적어 봐요.

> 예로부터 버섯은 음식 재료와 **약재**로 다양하게 이용됐어요.

4 다음 글을 읽고 무엇에 대한 설명인지 〈보기〉에서 골라 봐요.

- 최초의 항생제 페니실린은 이것에서 얻은 물질이에요.
- 이것의 분해 능력을 이용하면 환경 오염을 막을 수 있어요.
- 이것을 이용해 화학 약품 없는 친환경 살충제를 만들어요.

보기

버섯   곰팡이   효모

 **4화 생물 - 생태계와 균류**

1 알맞은 설명을 찾아 선으로 이어 봐요.

① 생산자 •   • ㉠ 광합성을 해 스스로 양분을 만들어 내는 생물이에요.

② 소비자 •   • ㉡ 유기물을 분해해 토양으로 되돌리는 생물이에요.

③ 분해자 •   • ㉢ 다른 생물을 먹어 양분을 얻는 생물이에요.

2 밑줄 친 부분에 해당하는 것을 골라 봐요.

> <u>이것</u>은 균류와 공생 관계를 맺고 살아요. 균류가 땅속 영양소와 수분을 흡수하게 도와주면 그 대가로 광합성으로 만든 양분을 나누어 주지요.

①    ②    ③    ④

3 다음 글을 읽고 괄호 안에 들어갈 단어를 적어 봐요.

> 잎꾼개미는 어엿한 농사꾼이에요. 나뭇잎을 잘게 씹어 침과 섞은 반죽에 (   )을 키워 먹지요.

_____

4 괄호 안에 공통으로 들어갈 단어를 〈보기〉에서 찾아 적어 봐요.

> 광합성으로 포도당이 만들어져요. 포도당은 탄소로 이루어져 있는데, 이 탄소는 (   )에서 온 것이에요. 균류는 기후 변화의 원인이 되는 (   )를 땅속에 저장하는 창고인 셈이지요.

> **보기**
>
> 산소   수소   이산화 탄소

_____

5화 사회 – 우리가 연구해야 할 균류

1 휘태커는 생물을 다음과 같이 5계로 분류했어요. 빈칸에 들어갈 단어를 적어 봐요.

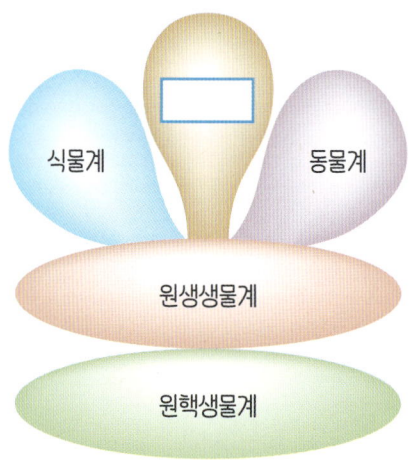

2 생태계 서비스는 인간이 자연으로부터 얻는 혜택이에요. 지지 서비스, 조절 서비스, 공급 서비스, 문화 서비스 등이 있지요. 다음 글을 읽고 그중 무엇에 해당하는지 적어 봐요.

> 균류는 유기물을 분해해 토양으로 되돌려 양분 순환에 중요한 역할을 함으로써 자연을 유지하는 데 이바지하지요.

_____

3 균류는 다양한 분야에서 활용되는 중요한 생물이에요. 균류가 활용되는 사례를 찾아 적어 봐요. 서술형 문항 대비 ✓

----

4 과학자들은 균류를 연구해 비밀을 밝혀 왔어요. 다음 글을 읽고 해당하는 과학자를 골라 봐요.

> 항생 물질 페니실린을 발견했어요. 인류를 세균성 질병으로부터 해방시킨 인물이에요.

① 레이우엔훅　　　　② 파스퇴르
③ 플레밍　　　　　　④ 김삼순

109

정답 및 해설

1화

1. 균류
→ 균류에 대한 설명이에요. (☞ 16~17쪽)

2. ①-ⓒ, ②-ⓐ, ③-ⓑ
→ 균류의 몸은 실처럼 가느다란 모양의 세포인 균사로 이루어져 있어요. 균사 덩어리를 균사체라고 부르며, 생식 세포인 포자로 자손을 퍼뜨리지요. (☞ 18~19쪽)

3. ㉠ 기생, ㉡ 송이버섯 등
→ 기생성 균류는 다른 생물에 붙어 양분을 빼앗아 살아가요. 소나무와 공생하는 송이버섯은 공생성 균류의 하나예요. (☞ 22~23쪽)

4. 축축한
→ 버섯과 곰팡이는 따뜻하고 축축한 환경을 좋아해요. (☞ 24쪽)

2화

1. X, O, O
→ 지구가 갓 생겨났을 때는 생명체가 살기 어려운 환경이었어요. (☞ 36~37쪽)

2. 본문을 참고해 적어 봐요.
→ 동충하초는 곤충에 기생해 양분을 빼앗아 자라나는 버섯이에요. (☞ 39쪽)

3. ③
→ 인류는 오래전부터 버섯을 재배해 왔어요. 600년대에 중국에서 표고버섯을 재배했다는 기록도 있지요. (☞ 40~41쪽)

4. 발효
→ 곰팡이와 효모는 유기물을 분해해 발효시켜요. 발효 과정을 거치면 음식의 맛과 영양가가 높아질 뿐 아니라, 오래도록 보존할 수 있어요. (☞ 42~43쪽)

3화

1. 광대버섯
→ 광대버섯은 빨간 갓 표면에 흰 좁쌀 같은 것이 많이 있어요. 전 세계에서 나는 독버섯이에요. (☞ 54~56쪽)

2. O, X, X
→ 흔히 모양과 색깔이 화려하면 독버섯이라고 생각하지만, 화려하지 않은 독버섯도 있어요. 은은 황 성분과 만나면 검게 변하지만, 반응하지 않는 독에는 효과가 없지요.
(☞ 56~57쪽)

3. 본문을 참고해 적어 봐요.
→ 상황버섯, 영지버섯, 자작나무시루뻔버섯(차가버섯), 노루궁뎅이버섯, 동충하초, 망태말뚝버섯 등은 약용 버섯이에요. (☞ 59쪽)

4. 곰팡이
→ 곰팡이에 대한 설명이에요. (☞ 60~61쪽)

4화

1. ①-㉠, ②-㉢, ③-㉡
⋯ 생산자는 광합성을 해서 스스로 양분을 만들어 내요. 소비자는 스스로 양분을 만들어 내지 못해서 다른 생물을 먹어 양분을 얻지요. 분해자는 유기물을 분해해 토양으로 되돌린답니다. (☞ 72~73쪽)

2. ②
⋯ 이것은 식물이에요. 식물 뿌리는 균류와 공생 관계를 맺은 균뿌리를 이루어, 영양소·수분·양분 따위를 서로 교환해요. (☞ 74쪽)

3. 버섯
⋯ 잎꾼개미는 나뭇잎을 씹어 침과 섞은 반죽에 포자를 심어요. 이렇게 버섯을 길러 먹지요. (☞ 75쪽)

4. 이산화 탄소
⋯ 광합성은 식물이 햇빛을 받아 이산화 탄소와 물로 포도당과 산소를 만드는 일이에요. 이산화 탄소는 기후 변화의 주요 원인으로 꼽혀요. (☞ 77쪽)

##

1. 균계
⋯ 휘태커는 균류가 하나의 독립된 생물계라고 밝히며 균계로 따로 분류하자고 주장했어요. 이렇게 생물을 동물계, 식물계, 균계, 원생생물계, 원핵생물계로 나눈 5계 체계가 만들어졌지요. (☞ 88~89쪽)

2. 지지 서비스
⋯ 지지 서비스는 토양 형성, 생물 다양성 보전, 서식지 제공, 양분 순환 등 자연을 유지하는 서비스예요. 균류는 양분 순환에 중요한 역할을 해, 지지 서비스가 유지되는 데 이바지해요. (☞ 90~93쪽)

3. 본문을 참고해 적어 봐요.
⋯ 균류는 음식 발효, 치료제와 건강식품 제조, 생물 농약 개발, 바이오 연료 생산, 오염 물질 및 하수 처리 등 다양한 분야에서 활용되고 있어요. (☞ 92~94쪽)

4. ③
⋯ 레이우엔훅은 맥주 방울에서 효모를 발견했고, 파스퇴르는 알코올 발효를 담당하는 효모의 역할을 찾았어요. 김삼순은 우리나라 균학 발전을 이끈 과학자예요.
(☞ 98~99쪽)

찾아보기

ㄱ
격벽 ································· 20~21
공생 ················ 22, 37~38, 74, 77, 91
균뿌리 ······························ 38, 74
균사 ········· 16~22, 29, 38~39, 61, 74
기생 ············ 22~23, 39, 54, 59, 64~65
김삼순 ································ 99

ㄴ
녹색식물 ····························· 37~38

ㄷ
담자기 ································· 21
독버섯 ······························· 55~57

ㄹ
레이우엔훅 ····························· 98
린네 ································ 88~89

ㅂ
박쥐 ··································· 80
분해자 ······························ 60, 72~74

ㅅ
삼엽충 ······························· 36, 46
생산자 ······························· 72~73
소비자 ······························· 72~73
시조새 ································· 47

ㅇ
암모나이트 ····························· 47
양치식물 ····························· 37, 47
영장류 ································· 80
잎꾼개미 ································ 75

ㅈ
자낭 ··························· 18, 20~21
자실체 ······························· 19, 39

ㅌ
탄소 ····························· 76~77, 91

ㅍ
파스퇴르 ································ 98
페니실린 ························· 20, 60, 99
포도당 ································· 77
포자 ········ 16~21, 25, 29, 37, 60, 74~75
푸른곰팡이 ···················· 20, 24, 60, 99
플랑크톤 ································ 81
플레밍 ······························· 60, 99

ㅎ
헤켈 ································ 88~89
효모 ············ 16~17, 20, 29, 42~43, 98
휘태커 ····························· 28, 88~89
흰개미 ····························· 23, 75, 94

초등 교과 과정에 알맞게 개발한 통합교과 정보서

참 잘했어요 과학

하나의 과학 주제를 다양한 분야에서 살펴보는 통합교과 정보서입니다.
재미있는 스토리와 서술형 평가에 대비하는 워크북도 함께 실었습니다.
서울과학교사모임의 꼼꼼한 감수로 내용의 정확도를 높였습니다.

1 또 하나의 가족 **반려동물**
2 범인을 찾아라! **과학수사**
3 뼈만 남았네! **공룡과 화석**
4 과학을 타자! **놀이기구**
5 약이야? 독이야? **화학제품**
6 두 얼굴의 하늘 **날씨와 재해**
7 고수의 몸짱 비법 **운동과 다이어트**
8 이젠 4차 산업 혁명! **로봇과 인공지능**
9 과학을 꿀꺽! **음식과 요리**
10 외계인의 태양계 보고서 **우주와 별**
11 나 좀 살려 줘! **환경과 쓰레기**

12 시큼시큼 미끌미끌 **산과 염기**
13 시원해! 상쾌해! **화장실과 똥**
14 대비해! 대피해! **지진과 안전**
15 이게 무슨 소리?! **음악과 소음**
16 세상에서 가장 착한 초록 **반려식물**
17 가슴이 콩닥콩닥 **성과 사춘기**
18 눈이 따끔, 숨이 탁! **미세먼지**
19 미생물은 힘이 세! **세균과 바이러스**
20 그 옛날에 이런 생각을?! **전통과학**
21 땅속에서 무슨 일이?! **보석과 돌**
22 줄을 서시오! **원소와 주기율표**

23 드라큘라도 궁금해! **피와 혈액형**
24 불 때문에 난리, 물 때문에 법석! **기후 위기**
25 결정은 뇌가 하지! **뇌와 AI**
26 지켜 주지 못해 미안해! **멸종 동물**
27 생명이 꿈틀꿈틀! **바다와 갯벌**
28 가상에 쏙, 현실이 짠! **메타버스**
29 작지만 무서워! **미세 플라스틱**
30 세상이 번쩍, 생각이 반짝! **전쟁과 발명**
31 어제는 패션, 오늘은 쓰레기! **패스트 패션**
32 내 몸을 지켜라! **면역과 질병**

글 **신방실 외** | 그림 **시미씨 외** | 감수 **서울과학교사모임** | 값 1~10권 10,000원, 11~25권 11,000원, 26~32권 13,000원